权威·前沿·原创

皮书系列为

“十二五”“十三五”国家重点图书出版规划项目

广州公益慈善蓝皮书
BLUE BOOK OF
GUANGZHOU'S PHILANTHROPY

广州公益慈善事业发展报告（2019）

ANNUAL REPORT ON GUANGZHOU'S
PHILANTHROPY DEVELOPMENT (2019)

主　编／广州市慈善服务中心　广州市慈善会

社会科学文献出版社
SOCIAL SCIENCES ACADEMIC PRESS (CHINA)

图书在版编目(CIP)数据

广州公益慈善事业发展报告. 2019 / 广州市慈善服务中心, 广州市慈善会主编. -- 北京: 社会科学文献出版社, 2019.12
(广州公益慈善蓝皮书)
ISBN 978-7-5201-5682-0

Ⅰ.①广… Ⅱ.①广… ②广… Ⅲ.①慈善事业-发展-研究报告-广州-2019 Ⅳ.①D632.1

中国版本图书馆 CIP 数据核字(2019)第 222504 号

广州公益慈善蓝皮书
广州公益慈善事业发展报告(2019)

主　　编 / 广州市慈善服务中心　广州市慈善会

出 版 人 / 谢寿光
组稿编辑 / 刘　荣
责任编辑 / 单远举
文稿编辑 / 王春梅　陈红玉

出　　版 / 社会科学文献出版社 · 联合出版中心(010)59367011
地址: 北京市北三环中路甲 29 号院华龙大厦　邮编: 100029
网址: www.ssap.com.cn
发　　行 / 市场营销中心(010)59367081　59367083
印　　装 / 天津千鹤文化传播有限公司

规　　格 / 开 本: 787mm × 1092mm　1/16
印 张: 16.25　字 数: 239 千字
版　　次 / 2019 年 12 月第 1 版　2019 年 12 月第 1 次印刷
书　　号 / ISBN 978-7-5201-5682-0
定　　价 / 198.00 元

本报告由广州市福利彩票公益金、第六届
广州市社会组织公益创投活动资助出版

《广州公益慈善事业发展报告（2019）》
编 委 会

摘　要

2018 年是中国改革开放 40 周年，作为改革开放的前沿城市，随着创建全国“慈善之城”行动计划的持续推进，广州的公益慈善事业整体保持良好发展态势：慈善组织数量稳步增长，基金会和各级慈善会构成慈善组织的主体；公开募捐活动有序开展，广益联募在 2018 年共发布慈善项目 188 个，筹款总额达 5277.98 万元；慈善信托财产规模不断扩大，在广州市民政局备案的慈善信托共有 7 单，财产总规模为 2922.83 万元；慈善服务与其他社会服务领域的融合加快，慈善服务在基层的延伸性和持续性增强；慈善综合监管体系建设进一步完善，风清气正、公开透明的慈善环境已经形成。

2018 年，广州公益慈善行业的转型进一步加快。在此过程中，一些制约公益慈善事业可持续发展的关键问题值得引起政府和业界的关注与思考。这些问题主要包括：慈善组织发展结构不均衡，社会组织申请慈善组织认定的动力不足，认定率偏低；基金会在公益慈善生态中的活力不足，在社会资源平台搭建、项目资助、公益慈善领域跨界合作推动中的作用不明显；区级慈善会的区域慈善枢纽功能发挥有限，改革创新力度不够；公开募捐项目筹资目标的实现率不高，慈善组织专业募捐能力不足；慈善事业标准化工作有待加强。

2019 年是中华人民共和国成立 70 周年，为了更好地促进广州公益慈善事业的高质量发展，打造城市慈善发展样本，本报告建议：加快“广州市慈善条例”的制定工作，为“慈善之城”建设提供法治保障；落实慈善组织税收优惠、扶持激励等支持性政策，加强慈善组织的认定和登记工作；以品牌建设引领慈善行业专业化发展，推动形成一批专业能力强、服务特色鲜明、业务模式创新、服务覆盖度广的品牌组织和服务项目；加强慈善领域团体标准和地方标准研制工作；紧抓粤港澳大湾区建设机遇，打造广州国际慈善枢纽平台。

目　录

Ⅰ　总报告

B.1　打造城市慈善发展样本　引领慈善事业高质量发展
——广州公益慈善事业发展2018年度综述
………………………………………… 广州市慈善服务中心 / 001
一　广州市公益慈善事业发展态势分析 ……………………… / 004
二　广州市公益慈善事业发展的主要特征 …………………… / 013
三　广州市公益慈善事业发展中存在的问题 ………………… / 017
四　促进广州市公益慈善事业高质量发展的建议 …………… / 020

Ⅱ　行业发展篇

B.2　广州市慈善组织发展状况分析报告……………………… 胡小军 / 024
B.3　广州市慈善会系统研究报告……………………………… 严国威 / 040
B.4　广州市慈善组织公开募捐情况研究报告………………… 陆小慧 / 055
B.5　网络募捐的发展特点与趋势
——基于广益联募平台的数据分析报告……………… 刘艺非 / 071
B.6　广州慈善信托的发展现状、困境与对策研究…………… 李　鑫 / 088

B.7 广州公益慈善人才培养模式与路径研究报告…………… 聂 铂 / 097
B.8 广州市慈善法规政策体系研究…………………………… 欧阳兵 / 111
B.9 广州媒体慈善报道方法研究
——以2018年广州6家媒体报道为例
…………………………………… 汪棹桴 汪祥波 李 强 / 123

Ⅲ 地区发展篇

B.10 广州市黄埔区慈善会的实践与探索
………………… 广州市黄埔区民政局 广州市黄埔区慈善会 / 135
B.11 广州市从化区慈善助力乡村振兴的实践与探索
………………… 广州市从化区民政局 广州市从化区慈善会 / 145
B.12 广州市番禺区"五社联动"基层社区治理模式的经验与启示
……………………………… 广州市番禺区社会组织联合会 / 153

Ⅳ 年度热点篇

B.13 慈善成为城市发展新的战略选择 ……………………… 邓榕兰 / 162
B.14 "爱心GDP"凸显广州慈善城市品牌效应 …………… 胡小军 / 167
B.15 "党建+公益"创投模式的广州实践与启示 ………… 许雅惠 / 171
B.16 "慈善+民俗"打造城市慈善文化品牌 …………… 许雅惠 / 176
B.17 广州积极引导社会组织助力脱贫攻坚 ……………… 梁灼彪 / 181
B.18 "慈善家庭"促进慈善融入广州市民生活 ………… 邓榕兰 / 186
B.19 广州探路全日制公益慈善学历教育 ………………… 许雅惠 / 190

Ⅴ 附录

B.20 2018年广州十大慈善事件 …………………………………… / 195

B.21 改革开放40年来广州十大慈善事件 …………………………… / 199
B.22 2018年广州市公益慈善法规政策文件 …………………………… / 202

Abstract …………………………………………………………………… / 224
Contents …………………………………………………………………… / 226

皮书数据库阅读使用指南

总 报 告

General Report

B.1
打造城市慈善发展样本 引领慈善事业高质量发展

——广州公益慈善事业发展2018年度综述

广州市慈善服务中心*

摘　要： 慈善城市是国家新型城镇化战略的重要组成部分，“人人共享的城市”是城市发展的共同愿景。广州作为国家中心城市，提出创建全国“慈善之城”行动，并连续三年写入广州市政府工作报告。本报告对2018年度广州市公益慈善事业总体发展态势、主要特征与存在的问题进行分析。在此基础上，提出加快制定“广州市慈善条例”，加强慈善组织认定和登记工作，以品牌建设和人才培养为核心，提升慈善行业专业能

* 广州市慈善服务中心，公益一类事业单位。本报告由广州市慈善服务中心统稿，广州社会组织研究院执行院长、广州市慈善会理事胡小军执笔。

力，加强慈善领域团体标准和地方标准研制，以粤港澳大湾区建设为契机，打造国际慈善枢纽平台等政策建议，以期进一步促进广州市公益慈善事业的高质量发展。

关键词： 慈善法　慈善组织　广州市

城市是人类发展的“引擎”。全球有一半人口居住在城市。到2030年，城市人口预计会增至50亿人。人口、经济活动、社会和文化互动等越来越集中于城市，对住房、基础设施、基本服务、健康、教育、安全和自然资源等方面的可持续性带来重大挑战。因此，联合国《2030年可持续发展议程》(The 2030 Agenda for Sustainable Development）所确立的17项可持续发展目标中将“建设包容、安全、有抵御灾害能力和可持续的城市和人类住区”作为重要目标之一。[①] 第三届联合国住房和城市可持续发展大会通过的《新城市议程》（New Urban Agenda）更加清晰地阐释了城市发展的共同愿景——“人人共享的城市”，即致力于使所有居民享有平等权利和机会，建设公正、安全、健康、便利、负担得起、有韧性和可持续的城市，以促进繁荣，改善所有人的生活质量。

中国的城镇化进程正在加速推进。国家统计局发布的数据显示，2017年末，中国城镇人口占总人口的比重达58.52%。其中，珠三角地区城镇化率已超过80%，超越日本东京成为全球人口最多、面积最大的城市带。[②] 习近平总书记曾对深入推进新型城镇化建设作出重要指示，强调城镇化是现代化的必由之路，新型城镇化建设要坚持以人的城镇化为核心。[③] 以人为核心

① 参见联合国网站，https：//www. un. org/sustainabledevelopment/zh/development－agenda/。

② 《世行：珠三角超越东京　成世界最大城市带》，南方网，2015年1月27日，http：//news. southcn. com/g/2015－01/27/content_ 117207292. htm。

③ 《习近平：促进中国特色新型城镇化持续健康发展》，新华网，2016年2月23日，http：//www. xinhuanet. com//politics/2016－02/23/c_ 1118134892. htm。

的新型城镇化意味着城镇化不再是简单的城市人口比例增加或规模扩张，而是在以人民为中心的发展思想和理念引领下，更加关注人的需求，着力推进基本公共服务均等化，增强城市宜居性，不断提升人民群众的获得感、幸福感和安全感，更好满足人民对美好生活的新期待。

慈善（Philanthropy）是为公众谋福利的一种志愿行为①，慈善城市也是国家新型城镇化战略的重要组成部分②。党的十八大以来，我国城市慈善事业呈快速发展态势。③ 广州作为国家中心城市和省会城市，在继承和发扬深厚岭南传统慈善文化的同时，秉持现代公益慈善的理念和精神，城市慈善整体发展水平稳步提升，慈善在保障基本民生中的支持作用日趋凸显。特别值得关注的是，广州市提出创建全国“慈善之城”行动，并从2017 年开始连续三年写入广州市政府工作报告。④ 2018 年，在中国慈善联合会发布的第五届“中国城市公益慈善指数”排名中，广州位居全国第二。

2018 年，是中国改革开放 40 周年和“5·12”汶川特大地震 10 周年。对广州公益慈善事业发展而言，也是具有历史意义的一年。本报告将重点对 2018 年度广州市公益慈善事业发展的总体态势、发展的主要特征、发展中存在的问题等进行分析，并在此基础上对下一阶段广州市公益慈善事业发展的重点方向和策略路径等提出建议。

---

① 〔美〕罗伯特·L. 佩顿、迈克尔·P. 穆迪：《慈善的意义与使命》，郭烁译，中国劳动社会保障出版社，2013，第 12 页。

② 《张梅颖：慈善城市是城市发展的潮流和趋势》，人民网，2014 年 8 月 20 日，http://politics.people.com.cn/n/2014/0820/c70731-25503540.html。

③ 2014 年，国务院印发《关于促进慈善事业健康发展的指导意见》，这是我国慈善领域第一个以国务院名义印发的纲领性文件，深刻体现了党中央和国务院对慈善事业发展的高度重视；2016 年 9 月 1 日，《中华人民共和国慈善法》正式施行，标志着我国进入依法兴善的全新阶段。

④ 《2017 年广州市政府工作报告》：深化“羊城慈善为民”行动，创建全国“慈善之城”，大力发展志愿服务事业，使困难群众遇急有助、遇困有帮，让社会充满关爱和温暖；《2018 年广州市政府工作报告》：创建慈善之城，雪中送炭、纾难解困，让广州更加温暖、更有人情味；《2019 年广州市政府工作报告》：深化创建慈善城市行动。

一　广州市公益慈善事业发展态势分析

（一）基金会和慈善会构成慈善组织的主体

现代慈善与传统慈善的一个重要区别在于慈善的组织化程度，慈善组织正在成为现代慈善事业的中坚力量。《中华人民共和国慈善法》（以下简称《慈善法》）规定：慈善组织是指依法成立、符合本法规定，以面向社会开展慈善活动为宗旨的非营利性组织。截至2018年12月底，广州市、区两级已申请登记或认定的慈善组织共有105家。[①] 其中，在广州市民政局登记或认定的慈善组织有80家，在各区民政局登记或认定的慈善组织25家。进一步分析慈善组织的组织形式，基金会占比达49.5%，慈善会占15.2%，其他社会团体占27.7%，社会服务机构（民办非企业单位）仅占7.6%。另外，在名称中冠以“慈善会”的慈善组织有16家，占慈善组织总数的15.2%（见图1）。由此可见，基金会和各级慈善会构成广州慈善组织的主体。

就基金会的发展而言，自2012年非公募基金会登记管理权限下放到地市一级民政局后，非公募基金会数量稳步增长。截至2018年12月底，在广州市民政局登记的基金会共有64家。其中，已认定和登记为慈善组织的基金会有52家，占全部基金会数量的81.3%。此外，除广州市慈善会外，11家区级慈善会中也有9家已被认定为慈善组织。除了对数量和类型进行分析外，本报告也对广州慈善组织2018年度的收入规模、年末净资产水平进行了分析，结果显示，市、区两级慈善会的年度总收入及年末净资产水平均位居慈善组织前列（见表1）。

① 参见广州市民政局社会组织信息平台网站，http：//www.gzmz.gov.cn/gzsmzj/gznpo/gznpo_index.shtml。

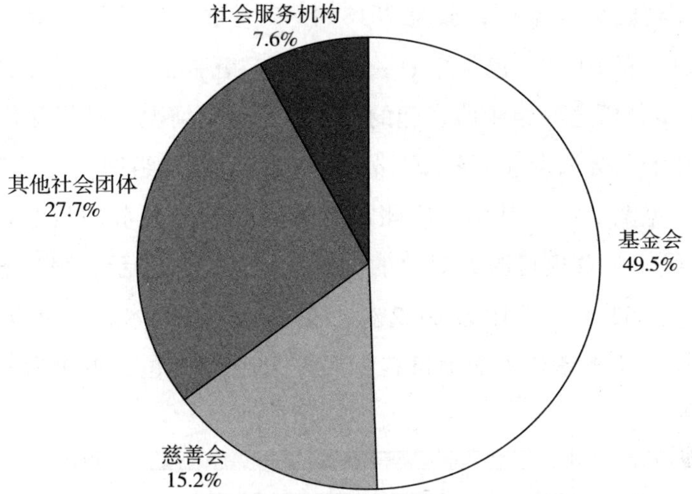

图 1　广州慈善组织的组织形式

资料来源：广州市民政局社会组织信息公示平台网站，http：//www. gzmz. gov. cn/gzsmzj/gznpo/gznpo_ index. shtml。

表 1　2018 年度广州市慈善组织收入规模前十位

单位：万元

排名	慈善组织名称	总收入
1	广州市慈善会	13385. 3
2	广州市花都区慈善会	12288. 2
3	广州市番禺区慈善会	5187. 1
4	广州市黄埔区慈善会	3565. 6
5	广州市从化区慈善会	3338. 6
6	广州市海珠区慈善会	3049. 6
7	广州市南沙区慈善会	2631. 6
8	广州市黄埔公安民警基金会	1527. 2
9	广州市白云区慈善会	1082. 1
10	广州市乐善助学促进会	923. 2

资料来源：广州市民政局社会组织信息公示平台网站，http：//www. gzmz. gov. cn/gzsmzj/gznpo/gznpo_ index. shtml。

（二）慈善公开募捐以扶贫济困类项目为重点

按照《慈善法》的规定，慈善组织开展公开募捐必须取得公开募捐资格。在《慈善法》实施后，截至2018年12月底，广州市已获得公开募捐资格的组织共有10家，包含红十字会[①]2家，慈善会7家，其他社会团体1家。[②]进一步分析这些组织所发起的公开募捐项目情况，结果显示，2018年除了两家红十字会未发起公募项目外，其余8家慈善组织共发起215个公开募捐项目（见图2）。[③]其中，广州市慈善会发起的公募项目数量最多，达到79个。关于公募项目服务对象的类别，统计结果显示，服务老年人的项目最多，达到52个，占比为24.2%；服务青少年群体的项目有50个，占比为23.3%；服务残疾人的项目有24个，排在第三位，占比为11.2%。

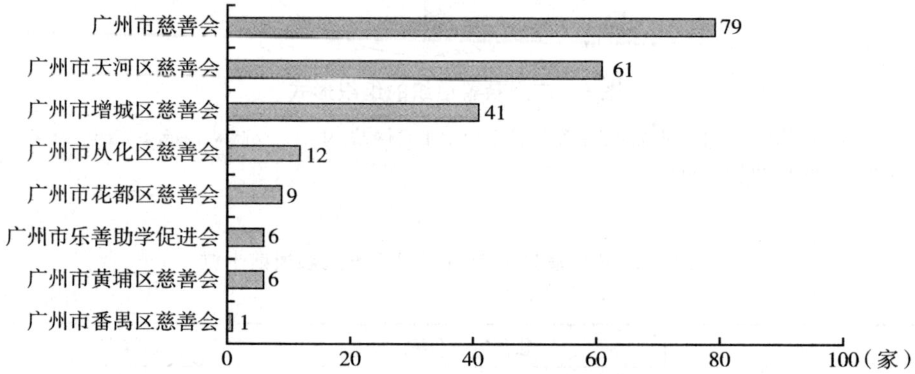

图2　2018年度广州市公募慈善组织发起公募项目数量

资料来源：慈善中国网站，http：//cishan. chinanpo. gov. cn。

此外，作为民政部指定的首批慈善组织互联网公开募捐信息平台，广益联募在2018年共发布慈善项目188个，其中扶贫济困类慈善项目109个，占比为58.0%；2018年筹款总额为5277.98万元，其中扶贫济困项目筹款额

① 根据民政部、中国红十字会总会在2017年9月8日联合发布的《关于红十字会开展公开募捐有关问题的通知》中的要求，红十字会开展公开募捐，应当向同级民政部门申领公开募捐资格证书。

② 这10家单位是：广州市慈善会、广州市黄埔区慈善会、广州市番禺区慈善会、广州市天河区慈善会、广州市从化区慈善会、广州市花都区慈善会、广州市增城区慈善会、广州市红十字会、广州市增城区红十字会办公室和广州市乐善助学促进会。

③ 公开募捐项目包含所有募捐截止日期在2018年内的项目。

4332.27万元，占平台筹款总额的82.1%。[①] 由此可见，扶贫济困类项目仍是公开募捐的重点，这与当前广州积极推动社会组织参与脱贫攻坚的政策导向相一致，也是广州慈善行业履行职责使命、践行“慈善为民”理念的具体体现。

（三）慈善信托备案数量及财产规模稳步增长

由于《慈善法》中对“慈善信托”予以专章规定，慈善信托曾得到社会各界的广泛关注。截至2018年12月底，在广州市民政局备案的慈善信托共有7单，财产总规模为2922.83万元（见表2）。其中，2018年备案的陕国投·实地集团扶贫济困慈善信托的财产总规模达2000万元。该慈善信托的委托人为广州实地房地产开发有限公司，受托人为广州市慈善会、陕西省国际信托股份有限公司，信托资金主要用于“长者饭堂”等扶贫、济困、扶老、救孤、恤病、助残、优抚的项目以及符合《慈善法》规定的其他公益项目。[②] 虽然慈善信托这一新的模式对广州慈善行业的实质影响仍有待观察，但较2017年而言，2018年广州在慈善信托备案数量及财产规模两个层面均有较大突破。

表2　广州市民政局备案的慈善信托及其规模

单位：万元

慈善信托名称	备案时间	财产规模
粤财信托·德睿慈善信托计划	2016年10月20日	300.83
广东省扶贫开发协会粤财扶贫慈善信托	2017年11月24日	100
全国金融青联东方爱心慈善信托计划	2017年11月27日	10
粤财信托·2018润泽慈善信托计划	2018年11月19日	500
陕国投·实地集团扶贫济困慈善信托	2018年12月19日	2000
粤财信托·2018爱蕾慈善信托计划	2018年12月20日	6
粤财信托·2018扶贫济困慈善信托计划	2018年12月20日	6

资料来源：慈善中国网站，http://cishan.chinanpo.gov.cn。

① 参见广益联募网站，https://www.gyufc.org。

② 参见慈善中国网站，http://cishan.chinanpo.gov.cn。

值得提到的是，2018 年 6 月，广州市民政局根据《慈善法》《信托法》《慈善信托管理办法》等法律法规和规章，制定并印发了《广州市慈善信托备案管理指引》。指引内容包括慈善信托的设立、慈善信托的备案、慈善信托的变更和终止、慈善信托财产的管理和处分、慈善信托的监管和信息公开等多个方面。该指引的出台有助于促进广州慈善信托备案管理工作的规范化，为慈善信托的健康有序发展奠定了一定基础。

（四）慈善服务与其他社会服务领域的融合加快

《慈善法》将慈善服务界定为“慈善组织和其他组织以及个人基于慈善目的，向社会或者他人提供的志愿无偿服务以及其他非营利服务”。慈善服务与募捐、捐赠构成了慈善活动的完整链条。[①] 在广州，从 2018 年开始，慈善服务与其他社会服务领域的融合明显加快，这一点又特别体现在慈善与社工服务的衔接和融合方面。广州在社会工作专业人才数量、民办社会工作服务机构数量、政府购买社工服务资金投入等三个方面位居全国前列。通过政府购买服务，广州市各街镇已建立 188 个社工服务站（家庭综合服务中心），社工站也被定位为以服务困境群体为主，以家庭为本，以社区为基础的专业社会工作服务平台。[②] 可以说，经过 10 多年的发展，广州社工服务的体系化、制度化程度明显高于其他社会组织参与的服务领域。基于这一特征，广州着力推动“社工 + 慈善”战略的实施，通过鼓励社工站设立慈善捐赠站点，发展社区慈善基金等多种方式，有效拓展慈善服务的空间，增强慈善服务在基层的延伸性和持续性。

此外，慈善服务与其他社会服务领域的融合发展还体现为慈善服务链的打造。诸多实践表明，在现代公益慈善事业发展过程中，资源型组织通过发挥资金及平台优势，在慈善服务体系建设中常常扮演“关节”或“枢纽”

① 谢琼：《规范慈善服务：我国慈善立法不可或缺》，《中国行政管理》2015 年第 6 期，第 1 页。

② 参见《广州市人民政府办公厅关于印发广州市社工服务站（家庭综合服务中心）管理办法的通知》（穗府办规〔2018〕13 号）。

角色。广州市作为广东省开展慈善款物募用分离的试点城市，按照《民政部关于鼓励实施慈善款物募用分离充分发挥不同类型慈善组织积极作用的指导意见》的要求，努力促进不同慈善组织之间的分工协作，提高慈善资源的使用效率。例如，以广州市慈善会、番禺区慈善会为代表的资源型组织，通过持续举办“广州市福彩公益慈善项目大赛”“公益慈善创投项目大赛”等活动，资助其他有专长的社会组织开展多样化的慈善服务项目。类似的探索和实践近年来也在增多，在一定程度上促进了本土慈善服务生态链的打造（见图3）。

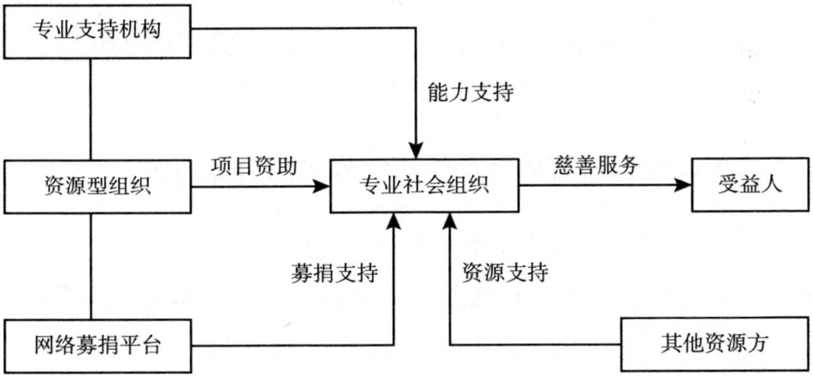

图3　广州慈善服务生态链

（五）慈善行业组织在公益人才培养中发挥主要作用

研究显示，中国当前的公益慈善人才培养初步形成如下四种模式：第一，以高校公益慈善研究机构为主体开展的各类人才培养项目，如北京师范大学珠海分校在中国高校率先开展公益慈善领域本科层次人才培养工作[①]；第二，基金会资助开展的公益人才培养计划，如南都公益基金会、老牛基金会、银泰公益基金会等通过多种形式资助实施了诸多公益人才培养项目；第三，由民办公益慈善教育机构所开展的人才培养工作，如深圳国际

① 参见《中心大事记》，北京师范大学珠海分校宋庆龄公益慈善教育中心，http：//ecop. bnuz. edu. cn/info/1045/1544. htm。

公益学院[①]的创立是这一模式的典型代表；第四，由慈善行业组织主导实施的人才培养工作，如中国慈善联合会实施的“中国公益慈善人才培养计划”[②]。

考察广州的公益慈善专业人才培养模式，当前主要依托广州市公益慈善联合会等行业型组织开展，相应的资金也主要来源于政府公益创投资助或民政部门项目委托或购买。其中，广州市公益慈善联合会开展的“善知学园计划——公益人专业学习平台”项目连续三年得到广州市社会组织公益创投资助，成为广州较具系统性和持续性的公益人才培养项目。此外，广东岭南职业技术学院公益慈善学院的设立也是一种积极的探索与尝试。[③] 但整体而言，广州的公益人才培养工作在高校支持、基金会资助以及民办公益慈善教育机构发展方面仍有较大的发展空间，值得今后继续予以推动。

（六）慈善综合监管体系和组织实施机制日臻完善

自 2012 年 5 月 1 日《广州市募捐条例》正式施行以来，广州慈善监管体系和机制不断完善，为公益慈善事业的持续健康发展提供了重要保障，特别是在慈善社会监督机制构建方面，广州开展了富有成效的工作（见表 3）。广州的实践表明，在提高行政监管效率、促进慈善行业自律的同时，社会监督机制的有效构建对于促进慈善行业公信力建设至关重要。但是社会监督的前提是慈善信息的依法公开和公众知情权的充分保障。有鉴于此，2018 年 4 月，广州发布全国首个区域慈善指数和慈善组织透明度评价体系，并发起“慈善之城·尽善净行”行动、举办慈善公众开放日、推动慈善组织晒账单等，营造风清气正、公开透明的慈善环境。其中，作为慈善组织第三方社会监督机构，广州市慈善组织社会监督委员会[④]积极履

① 参见深圳国际公益学院网站，http：//www. cgpi. org. cn。

② 参见中国慈善联合会网站，http：//www. charityalliance. org. cn。

③ 参见岭南公益慈善学院网站，http：//www. lingnancollege. com. cn/dp/sec/cs。

④ 发起于 2013 年的广州市慈善组织社会监督委员会是中国首个地区性独立第三方慈善组织社会专业监督机构，现有委员 23 人，包括专家学者（含教育、医务工作者）7 人、律师 4 人、会计师 3 人、媒体人 3 人、企业家 4 人、市民代表 1 人、社工师 1 人。其中，市级人大代表共 8 人，超过委员总数的 1/3。委员均为自愿、义务履职。

职，对慈善组织、募捐活动等进行独立、专业监督，在广州慈善综合监管体系中扮演着重要角色。

表 3　广州慈善领域社会监督的主要措施

主要措施	核心内容
法规政策制定	《广州市募捐条例》
	《广州市社会组织信息公示办法》
	《广州市社会组织年度报告指引》 《广州市慈善募捐执法指引》
	《关于深化"羊城慈善为民"行动创建全国"慈善之城"之"尽善净行"工作方案》
信息平台建设	广州社会组织信息公示平台
	广益联募:慈善组织互联网募捐信息平台
社会监督机构	成立广州市慈善组织社会监督委员会
公众参与监督	发布广州市慈善组织透明度排行榜
	举办"广州慈善开放日"等系列活动

（七）地方公益慈善政策创制走在全国前列

《慈善法》的实施以及配套规定的陆续出台为广州市公益慈善制度和政策体系的建立健全提供了良好支撑。广州市将慈善纳入城市发展整体战略①，致力于把广州建设成为引领国内、在国际上有重要影响力的“慈善之城”。在此过程中，地方慈善法规政策也在不断完善。自 2016 年《慈善法》正式施行以来，广州市先后制定出台了《关于促进慈善事业健康发展的实施意见》《深化“羊城慈善为民”行动创建全国“慈善之城”2017—2020 年行动方案》《关于鼓励支持企业积极参与广州市创建慈善之城的意见》《广州市慈善信托备

① 《慈善法》第七十七条明确规定，县级以上人民政府应当根据经济社会发展情况，制定促进慈善事业发展的政策和措施。在《国务院关于促进慈善事业健康发展的指导意见》和《广东省人民政府关于促进慈善事业健康发展的实施意见》中，也特别要求各级政府将发展慈善事业作为社会建设的重要内容，纳入当地国民经济和社会发展总体规划和相关专项规划，制定相关政策，指导和推动区域内慈善事业发展。

案管理指引》等一系列政策文件（见表4），并逐步形成了“多方参与、协同联动”的组织实施机制。此外，《广州市募捐条例》的修订工作在2018年亦被正式提上日程①，地方慈善立法工作正在稳步向前推进。

表4 《慈善法》实施后广州出台的慈善制度政策（部分）

名称	出台时间	制定部门
《关于促进慈善事业健康发展的实施意见》	2016年	广州市人民政府
《深化“羊城慈善为民”行动创建全国“慈善之城”2017—2020年行动方案》	2017年	广州市民政局、广州市精神文明建设委员会办公室
《广州市慈善募捐行政执法工作指引》	2017年	广州市民政局
《关于鼓励支持企业积极参与广州市创建慈善之城的意见》	2018年	广州市民政局、广州市精神文明建设委员会办公室、广州市政府国有资产监督管理委员会、广州市工商业联合会
《广州市慈善信托备案管理指引》	2018年	广州市民政局

在慈善政策体系中，慈善税收优惠政策一直是各界关注的重点议题之一。除了落实《企业所得税法》《个人所得税法》及其实施条例等法律法规中与慈善税收优惠相关的规定外，广州市、区两级获得公益性捐赠税前扣除资格的社会组织数量逐渐增多，达到89家。② 进一步对这些社会组织的类型进行分析，结果显示，89家具有公益性捐赠税前扣除资格的社会组织中，63家为基金会，所占比例为70.8%。基金会和慈善会合计占比85.4%，获得公益性捐赠税前扣除资格的其他社会团体数量达到13家③，较往年有了较大幅度的增长（见图4）。

① 2012年5月1日施行的《广州市募捐条例》是中国省会城市中第一部规范募捐的地方性法规。这一地方立法曾在国内引起积极反响，广州的募捐制度改革也为《慈善法》中慈善募捐相关内容的制定提供了重要的地方经验。

② 参见《关于2019年广州市公益性捐赠税前扣除资格确认名单的公示》，广州市民政局网站，http：//www.gzmz.gov.cn/gzsmzj/tzgg/201905/cf80740692214aa5a60476123e47138b.shtml。

③ 这13家社会团体是：广州市志愿者协会（原广州市义务工作者联合会）、广州市妇女儿童福利会、广州市社会组织联合会、广州市正信慈爱协会、广州市乐善助学促进会、广州市绿点公益环保促进会、广州市黄埔区青年社会组织联合会、广州市残疾人服务协会、广州市千千树助学促进会、广州市平安建设促进会、广州市慈善组织社会监督委员会、广州市黄埔区善行慈爱会、广州市公益慈善联合会。

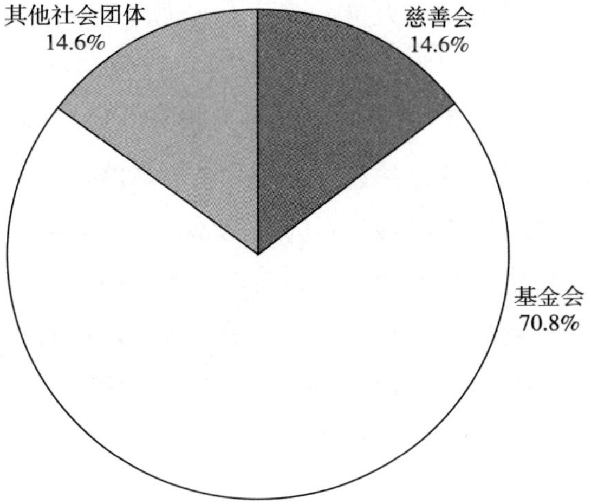

图 4　广州获得公益性捐赠税前扣除资格社会组织类型

资料来源：广州市民政局网站，http：//www. gzmz. gov. cn。

二　广州市公益慈善事业发展的主要特征

慈善是一种美德，也是人类一项永恒的事业。通过前述对 2018 年度广州市公益慈善事业发展整体态势的分析，可以看出，广州以创建“慈善之城”为总抓手，经过多年的努力，城市公益慈善整体发展水平不断提升，城市慈善的样本效应逐渐凸显，一个与广州国家中心城市定位相匹配的现代公益慈善格局正在初步形成。总体来看，2018 年，广州在推动公益慈善事业发展过程中主要呈现如下五个方面的突出特征。

（一）坚持党的领导，践行“慈善为民”理念

党的领导是慈善事业持续健康发展的根本保证。[①] 新时代慈善工作的主题和新时代慈善组织的使命就是要坚持党的领导，同党和政府的力量、同企

① 《唐承沛会长在中国慈善联合会会员大会上的讲话》，中国慈善联合会网站，2019 年 5 月 12 日，http：//www. charityalliance. org. cn/news/12342. jhtml。

业和市场的力量、同其他社会力量一道，为实现“两个一百年”奋斗目标、实现中华民族伟大复兴的中国梦而努力奋斗。[①] 广州“慈善之城”的创建坚持以习近平新时代中国特色社会主义思想为指导，以“慈善为民”为核心理念，坚定不移地走中国特色社会主义慈善发展之路，在推进公益慈善事业发展过程中，始终践行以人民为中心的发展思想。一方面，慈善工作把增进人民福祉、提高人民生活水平和质量、促进人的全面发展作为根本出发点和落脚点，参与回应和解决老百姓最关心、最直接、最现实的民生问题。另一方面，广州从2018年开始，将6月设定为“慈善为民月”，通过举办系列活动，促进社会各界广泛参与，营造“人人慈善为人人”的全民慈善氛围。

（二）聚焦基层需求，创新社区慈善服务模式

在基层社会治理创新深入推进的大背景下，广州着力推动社区慈善服务的创新发展，夯实公益慈善事业发展的根基。社区慈善强调立足社区，构建居民参与和决策机制，有效动员和整合社区内外资源，持续回应和解决社区多元需求和问题，塑造开放包容、友爱互助、共治共享的社区慈善文化。如前所述，广州一方面推动实施“社工＋慈善”战略，发挥社工站的服务平台作用和社工人才队伍的规模优势和专业优势，促进社工服务与慈善服务在社区的融合发展；另一方面，广州市慈善会开放公募平台，推动社区慈善捐赠站点及社区慈善基金的设立，引导社会资源下沉基层社区。此外，广州近年来积极支持以社区居民为主体发起成立的社区社会组织发展，搭建居民参与社区慈善服务载体，激发社区内在动力和活力。社区基金会在国内发展的实践表明，社区慈善服务的真正落地和持续开展并不容易，需要各方在“三社联动”框架下，建立有效的合作机制，广州在这方面走出重要一步。

（三）激发慈善会活力，推动社会化改革与转型

广州市、区两级慈善会的成立时间一般较早，当前所管理的慈善财产总

---

① 《民政部副部长詹成付在中国慈善联合会第二届会员大会上的讲话》，搜狐网，2019年5月13日，http://www.sohu.com/a/313608820_106321。

规模也远高于其他类型的慈善组织。2018 年度，已经认定为慈善组织的广州市慈善会及 9 个区[①]慈善会的年末净资产规模均超过 1000 万元，占到广州全部慈善组织年末净资产总额的 71.3%；2018 年度广州市慈善会及 9 个区慈善会的总收入占到全部慈善组织收入总额的 76.7%。因此，慈善会一般作为所在地域内最具实力的慈善组织，在区域公益慈善生态建设中具有关键作用。基于此理解，广州在“慈善之城”创建中，进一步明确各级慈善会在区域慈善事业发展中的定位，稳步推动慈善会的社会化转型，激发慈善会活力，具体又体现在三个层面：第一，推动慈善会秘书处的职业化、专业化建设；第二，推动慈善会资源募集方式的“市场化”、多元化转变；第三，在慈善会资源使用和配置中鼓励“募用分离”，打造慈善服务链条，推动有条件的慈善会进一步发挥区域慈善平台优势和慈善枢纽功能，带动所在区域慈善组织体系建设和良好慈善生态营造。当前，一些慈善会的社会化转型仍显缓慢和滞后，但我们也看到，那些一直积极探索自身社会化转型的慈善会为所在区域公益慈善行业的发展带来新的巨大动能。

（四）立足广州城市特色，打造慈善项目品牌

广州公益慈善事业的发展立足本土社会需求，深入挖掘城市特色和优势资源，注重打造慈善品牌项目和活动，发挥品牌对公益慈善行业的引领、示范和带动作用。当前，广州在慈善品牌建设方面已形成三种模式。

其一，广州是“体育之城”，也是“国家历史文化名城”，因此，慈善通过与广州最具影响的大型体育活动、民俗活动等有机结合，产生了一批在全国具有影响力的慈善品牌活动，例如“慈善 + 体育”模式下的广州马拉松“慈善方阵”、“乐善骑”、“益动广州”，以及“慈善 + 民俗”模式下的慈善庙会、慈善花市等。

其二，整合不同慈善组织、社会服务机构及相关团体的专业优势，通过机构之间的互动协作，联合打造慈善项目品牌，实现信息、资源和服务共

---

① 越秀区慈善会、荔湾慈善会还未被认定为慈善组织，因此未统计在内。

享。例如，2018 年，广州市海珠区碧心公益服务中心联合医院等相关机构共同发起“珠珠救助——大病慈善医疗救助平台”，开通热线 4008599595。该平台为重疾患者提供救助信息指引、救助服务以及匹配合适的社会救助资源，并依托广益联募平台，为大病患者建立快速的社会互助筹款渠道。同时，平台探索前置救助模式，推动大病的预防和筛查。此外，由广州社联困境儿童关爱中心发起的“相伴童行——2018 年广州市百名困境儿童结对帮扶项目”，通过有效衔接政府资源、动员社会资源，构建社会力量参与困境儿童关爱服务体系，为困境儿童提供多元化、专业化的服务。

其三，慈善组织紧密结合基本民生需求，开发和策划慈善服务项目，与政府形成合力，逐渐涌现出一批对社会需求把握精准、社会公众参与度高、资源聚集能力强、项目模式创新的慈善品牌。例如，在广州老龄化程度日益加剧的情境下，2016 年以来，广州市政府抓住助餐配餐这个老年人最关心、最现实的利益问题，着力构建全覆盖的社会化“大配餐”服务体系。在此过程中，开放引入慈善组织及其服务项目。颇具代表性的是广州市慈善会发起的“长者饭堂·爱心餐”项目，为在广州生活并且使用长者饭堂用餐服务的困难老人筹集善款，实现政府资源与慈善资源有效衔接。

（五）推动慈善行业建设，发挥慈善集群效应

慈善组织是社会力量的重要组成部分，除了在脱贫攻坚中发挥积极作用外，还应在提供社会服务、参与社会治理、弘扬慈善文化等方面做出新的重要贡献。[①] 广州一直将公益慈善事业发展置于社会建设和社会治理创新的时代大背景下进行统筹规划。党的十九大报告指出，我国社会主要矛盾已经转化为人民日益增长的美好生活需要和不平衡不充分的发展之间的矛盾。因此，随着社会需求的多样化和专业分工的日趋精细化，特定地域公益慈善发展愈发需要当地政府部门、不同类型的慈善组织与其他机构或相关团体之间

① 《民政部副部长詹成付在中国慈善联合会第二届会员大会上的讲话》，搜狐网，2019 年 5 月 13 日，http：//www. sohu. com/a/313608820_ 106321。

相互紧密协作，形成慈善集群效应。在此过程中，慈善行业组织的建设显得尤为重要。对此，广州市公益慈善联合会作为广东省首个慈善联合型组织[①]，在2018年，通过发布全国首个区域慈善指数报告、搭建公益人交流社群平台、联合主办《善城》杂志、主办社区公益节等系列工作[②]，有力促进广州公益慈善行业建设。

此外，在2018年度，以“创造美好生活，共建慈善城市”为主题的首届“中国善城大会”在广州举办。此次大会由中国慈善联合会、广州市民政局主办，首都公益慈善联合会、浙江省慈善联合总会、陕西省慈善联合会、广州市公益慈善联合会、广州市慈善会、深圳市慈善事业联合会等24家机构联合主办。[③] 大会发布了《创建慈善城市 · 广州行动》，特别提出“建立协作机制，实现城市慈善事业均衡发展”等六大行动，并将“慈善城市发展研究基地”落地广州，持续为中国慈善城市建设贡献广州经验。

三 广州市公益慈善事业发展中存在的问题

慈善是社会体制改革的重要领域。2018年度，整个公益慈善领域发生了诸多新的重要变化，广州公益慈善行业的转型也进一步加快。在此过程中，一些制约公益慈善事业可持续发展的关键问题值得引起政府和业界的关注和思考。本报告将这些问题总结为如下几个方面。

（一）慈善组织发展结构不均衡

对截至2018年底广州已认定或登记为慈善组织的105家社会组织的数据分析显示，慈善组织发展结构的不均衡集中体现在三个层面。第一，组织

① 广州市公益慈善联合会成立于2014年7月，而广东省其他地区的慈善行业组织大多是在《慈善法》出台后发起成立的。

② 参见广州市民政局社会组织信息平台网站，http：//www. gzmz. gov. cn/gzsmzj/gznpo/gznpo_index. shtml。

③ 《中国善城大会在广州召开 第五届中国城市公益慈善指数揭晓》，中国慈善联合会网站，2018年11月9日，http：//www. charityalliance. org. cn/news/11868. jhtml。

形式的不均衡。社会服务机构数量当前仅占慈善组织总数的7.6%，与社会服务机构在社会组织总体中所占比例（57.8%）[①] 相比偏低。第二，区级慈善组织的数量偏低。广州区级慈善组织数量仅占全部慈善组织总数的23.8%，有的区仅有区慈善会1家社会组织被认定为慈善组织，与区级社会组织在社会组织总体中所占比例[②]相比偏低。第三，不同类型慈善组织之间的资产实力差距较大。2018年度，被认定为慈善组织的广州市、区两级10家慈善会的年末净资产规模占广州全部慈善组织年末净资产总额的71.3%，总收入金额占到全部慈善组织收入总额的76.7%，其他慈善组织在资金规模上与慈善会存在较大差距。

慈善组织发展结构的不均衡也在一定程度上反映出当前社会组织申请慈善组织认定和登记的动力不足，特别是社会组织认定率较低的问题相对突出。数据分析显示，在广州105家慈善组织中，在2016年9月1日《慈善法》实施后成立并登记为慈善组织的有81家，占全部慈善组织数量的77.1%。《慈善法》实施后已出台的配套规定对慈善组织的运作管理、信息公开、管理费用等提出了更高、更细的要求，但是被认定为慈善组织后社会组织能够得到的支持性措施及制度激励仍旧较为有限。

（二）基金会整体活力不足

截至2018年12月31日，在广州市登记的基金会共有64家，原始注册资金总额近2.6亿元。其中，已认定或登记为慈善组织的基金会有52家，占全部基金会数量的81.3%，占全部慈善组织数量的49.5%。此外，分析数据显示，在广州市登记的基金会2018年末平均净资产为542.1万元，年末净资产最高的基金会达到1.13亿元。与基金会在慈善组织中的数量相比，

① 截至2018年底，广州全市正式登记的社会组织有7901家，其中社会服务机构（民办非企业单位）有4568家，占比为57.8%。

② 截至2018年底，广州全市正式登记的社会组织有7901家，其中，在广州市本级登记的社会组织有1442家，在区级登记的社会组织有6459家，区级社会组织在全市登记的社会组织中的占比为81.7%。

基金会在广州本土公益慈善生态中的活力则相对不足。一方面，资助型基金会仍旧缺乏，基金会在广州本土公益生态建设中的“引擎”作用没有发挥。当前，除了各级政府购买社会服务资金、公益创投资金以及一些慈善会的资助资金外，由基金会直接发起并资助其他社会组织实施公益慈善项目的资助计划还不多见。另一方面，基金会在社会多元资源平台搭建、公益慈善领域跨界合作推动中的作用也相对有限。因此，如何有效激发基金会活力，成为新时代推动公益慈善事业高质量发展过程中值得思考的一个重要问题。

（三）公募型慈善组织募捐能力有待提升

广州市当前具有公开募捐资格的组织共有 10 家。数据分析结果显示，在 2018 年由 8 家慈善组织发起的 215 个公开募捐项目中，实际募集到资金的项目占比为 37.2%。其中，由广州市慈善会发起的“长者饭堂・爱心餐”项目、广州市从化区慈善会发起的“文化公园慈善长廊建设”、广州市增城区慈善会发起的“派潭镇困难群众应急救助”等公募项目取得了良好的募捐成效。通过对比 2017 年公开募捐情况，无论是募捐主体多元性还是募捐活动的密度，2018 年度都较 2017 年度有所增加。但与此同时，也必须看到，仍有超过 60% 的项目在公开募捐时间内未募集到款项，虽然公开募捐申请项目数量增加快，但筹款目标的实现率和募款效果仍旧有限，特别是在网络募捐方面，公募型慈善组织的专业能力有很大的提升空间。

（四）慈善事业标准化工作有待加强

民政部、国家标准化管理委员会联合编制的《全国民政标准化“十三五”发展规划》（民发〔2016〕142 号）中明确提出：“在慈善事业标准方面，着重开展慈善组织内部治理结构建设、运行管理、信息公开，慈善服务，慈善捐赠、慈善信托，公开募捐，慈善超市，捐助站点建设等标准研制。”广州在推进“慈善之城”建设过程中，在慈善信息公开、慈善监管、慈善募捐、慈善服务以及慈善组织管理等方面形成了诸多颇具示范价值和参照意义的模式和方法，诸如慈善组织透明度评价、慈善组织社会监督等实践全国领先。但是，整体而言，广州慈善领域的标准研制、标准制定等相关工作在一定程度上滞后于公益慈善行业的发展实践要求。特别是在慈善领域的地方标准、团体标准制定方面，当前还没有较大突破。《慈善法》规定：慈善行业组织应当建立健全行业规范，加强行业自律。因此，广州市公益慈善联合会等慈善行业组织在推动慈善事业标准化建设方面需要发挥更大的作用。

（五）公益性捐赠税前扣除资格确认机制有待突破

为有效落实公益性捐赠税收优惠政策，近年来各级政府部门实施了诸多改革举措，例如将公益性捐赠税前扣除资格确认作为非行政许可审批事项予以取消。[①] 在广州市、区两级获得公益性捐赠税前扣除资格的社会组织名录中，当前的组织形式均为基金会和社会团体。在已认定或登记的慈善组织中，社会服务机构（民办非企业单位）这一组织形式虽只占7.6%，但全部没有获得公益性捐赠税前扣除资格。在此方面，浙江省、福建省以及深圳市等很多地区公布的公益性捐赠税前扣除资格名单中，均有社会服务机构这一组织形式。因此，广州可借鉴相关地区的经验，在此方面有所突破。

四　促进广州市公益慈善事业高质量发展的建议

城市是以人为主体的生态系统，是一定地域范围内的政治、经济、文化中心和资源汇聚之地。城市化水平是衡量一个国家或地区经济社会发展水平和现代化的重要标志。慈善的使命和价值与以人为核心的“人人共享的城市”建设目标高度契合。因此，城市化的加快推进为慈善事业的发展提供了广阔空间和巨大机遇。在中国特色社会主义建设中，大力支持和发展慈善事业，不仅是对中华民族优秀美德的弘扬和传承，也是推进社会主义核心价值体系建设、践行共享发展理念、促进社会公平正义的重要举措。随着民政

① 参见《财政部　国家税务总局　民政部关于公益性捐赠税前扣除资格确认审批有关调整事项的通知》，国家税务总局网站，http：//www.chinatax.gov.cn/n810341/n810755/c2001026/content.html。

部门机构改革的稳步推进，慈善事业相关职能得到进一步加强。

2019 年 4 月，习近平总书记对民政工作作出重要指示，要求各级民政部门聚焦脱贫攻坚，聚焦特殊群体，聚焦群众关切，更好履行基本民生保障、基层社会治理、基本社会服务等职责。[①] 这为下一阶段公益慈善事业的发展也指明了新的道路和方向。广州作为改革开放的前沿阵地，公益慈善事业也在探索中发展、在创新中突破。为了更好地促进广州公益慈善事业的高质量发展，报告提出如下建议。

（一）加快地方性慈善法规的制定工作

根据《慈善法》及其配套规定，借鉴其他地区地方慈善立法的有益经验，深入调查研究，开门立法，推动制定具有广州特色的地方性慈善法规，并将“广州市慈善条例”的制定工作作为下一阶段慈善事业制度建设的重点。此外，坚持“政策重在执行”的理念，提高政策执行力，大力推动《广州市慈善信托备案管理指引》《关于鼓励支持企业积极参与广州市创建慈善之城的意见》《广州市慈善医疗救助和应急救助实施办法》等已出台政策的落实，使其真正发挥实效。与此同时，结合广州“慈善之城”创建的重点工作，以问题为导向，继续制定可操作性和现实性强的政策指引。

（二）加强慈善组织的认定和登记工作

继续加大《慈善法》及其配套规定的宣传力度，特别是结合广州市《关于改革社会组织管理制度促进社会组织健康有序发展的实施意见》中有关公益慈善类社会组织管理制度和培育扶持规定，逐步落实税收优惠、人才政策、扶持激励等慈善组织发展支持性措施，提高慈善组织认定和登记的积极性，使慈善组织成为“慈善之城”创建的一支重要主体力量。此外，建议借鉴国内其他地区制度创新实践模式，探索扩大新成立或新认定慈善组

---

① 《习近平对民政工作作出重要指示》，新华网，2019 年 4 月 2 日，http：//www. xinhuanet. com/2019 -04/02/c_ 1124318409. htm。

织获得公益性捐赠税前扣除资格的组织形式及其范围，将社会服务机构纳入其中。

（三）以品牌建设和人才培养为核心提升慈善行业专业能力

公益慈善类社会组织的发展水平和专业能力决定着一个区域慈善事业整体发展水平和成熟度。广州当前正在大力实施社会组织品牌战略，推动社会组织由数量规模型向质量效能型深度转变。实现这一转变，不仅需要发挥品牌的引领和示范作用，同时也需要一批专业的公益慈善人才。有鉴于此，建议广州不断创新培育模式和方法，以人才培养为核心，构建多层次、系统化的人才培养体系，将社区慈善组织、慈善服务组织（包括志愿服务组织）和资源型慈善组织作为发展重点，在为老服务、社会救助、困境儿童关爱、来穗人员社会融合等领域，推动形成一批专业能力强、服务特色鲜明、业务模式创新、服务覆盖度较广的品牌组织和服务项目。

（四）加强慈善领域团体标准和地方标准研制工作

随着公益慈善类社会组织数量的增多，慈善行业型、支持性组织的建设日显重要。特别是慈善行业组织通过发挥自律准则订立、行业规范与操作指引制定、促进行业交流等功能，在现代公益慈善事业中能够发挥关键作用。团体标准是指依法成立的社会团体为满足市场和创新需要，协调相关市场主体共同制定的标准。2019 年 1 月，国家标准化管理委员会、民政部制定了《团体标准管理规定》。其中，团体标准实施效果良好，且符合国家标准、行业标准或地方标准制定要求的，团体标准发布机构可以申请转化为国家标准、行业标准或地方标准。在慈善领域团体标准制定方面，中国慈善联合会已在进行积极尝试，在其《2019 年度团体标准立项计划》中，将《慈善社区指南》《慈善组织档案管理规范》《慈善组织项目管理规范》等 4 项团体标准的申报项目予以立项。有鉴于此，建议广州市公益慈善联合会等慈善行业组织在民政部门指导下，推动广州慈善领域团体标准及地方标准的建设工作。

（五）紧抓粤港澳大湾区建设机遇，打造广州国际慈善枢纽平台

2018 年首届“中国善城大会”落地广州举办，广州“慈善之城”创建的示范效应愈发凸显。有鉴于此，建议基于共建、共治、共享理念，进一步加强广州与国内外其他城市的交流与合作，发挥广州作为国家中心城市、国际商贸中心和综合交通枢纽的巨大优势，推动实施《创建慈善城市・广州行动》，建立常态化的交流与合作机制，以“人人共享的城市”为愿景，逐步推动慈善成为衡量和评价中国城市可持续发展水平和能力的一大重要标准，为中国城市现代公益慈善事业的发展贡献广州力量。与此同时，《粤港澳大湾区发展规划纲要》中特别强调“开展社会福利和慈善事业合作”，建议抓住大湾区建设历史机遇，加强穗港澳慈善领域的交流与合作，协力打造“慈善湾区”。

行业发展篇

Industry Reports

B.2
广州市慈善组织发展状况分析报告

胡小军 *

摘　要：　截至2018年12月底，广州市、区两级已申请登记或认定的慈善组织共有105家。广州市慈善组织发展当前呈现五个方面的特征：慈善组织以基金会和慈善会为主体；在区级层面登记和认定的慈善组织数量少，与区级社会组织在广州社会组织总体中所占比例相比偏低；捐赠收入构成广州市慈善组织收入主要来源；基金会在慈善组织体系中的活力相对不足，在慈善项目资助、资源平台搭建、慈善领域跨界合作推动中的作用和功能发挥有限；具有公开募捐资格的慈善组织数量较少且组织形式单一。对此，建议进一步加强《慈善法》及其配套政策的落实，加快慈善组织认定和登记工作；加强基金会人才队伍建设，推动基金会有效参

* 胡小军，广州社会组织研究院执行院长、广州市慈善会理事。

与本土公益生态建设；打造慈善项目和募捐活动品牌，提升慈善组织募捐能力和效能；引导慈善组织重心向下，发挥慈善服务功能，参与基层社区治理；增强广州市慈善行业组织对慈善组织的凝聚、联系和服务功能。

关键词： 慈善组织　基金会　广州市

按照《慈善法》的规定，慈善组织是指依法成立，以开展慈善活动为宗旨的基金会、社会团体、社会服务机构等非营利组织。自 2016 年 9 月 1 日《慈善法》正式施行以来，慈善组织日趋成为推动中国现代公益慈善事业发展的重要主体，其发展也引起社会各界的广泛关注。以下主要对 2018 年度广州慈善组织的整体发展情况进行分析。

一　广州市慈善组织发展基本情况

（一）慈善组织的成立时间

截至 2018 年 12 月底，广州市、区两级已申请登记或认定的慈善组织共有 105 家。[①] 其中，在广州市民政局登记的慈善组织有 80 家，在各区民政局登记的慈善组织有 25 家。在这 105 家慈善组织中，13 家于 2016 年被认定为慈善组织，2017 年和 2018 年各有 46 家。

从广州市慈善组织成立的具体时间来看，广州市慈善会是最早成立的一家慈善组织，1993 年登记，1994 年召开成立大会，也是广州最早认定的慈善组织，认定于 2016 年 9 月 5 日。从成立时间来看，成立于

① 参见广州市民政局社会组织信息平台网站，http：//www.gzmz.gov.cn/gzsmzj/gznpo/gznpo_index.shtml。

2010年前的慈善组织屈指可数，78.1%的慈善组织成立于2016年之后，集中出现于2017年度和2018年度，这两年分别成立了30家和41家慈善组织（见图1）。

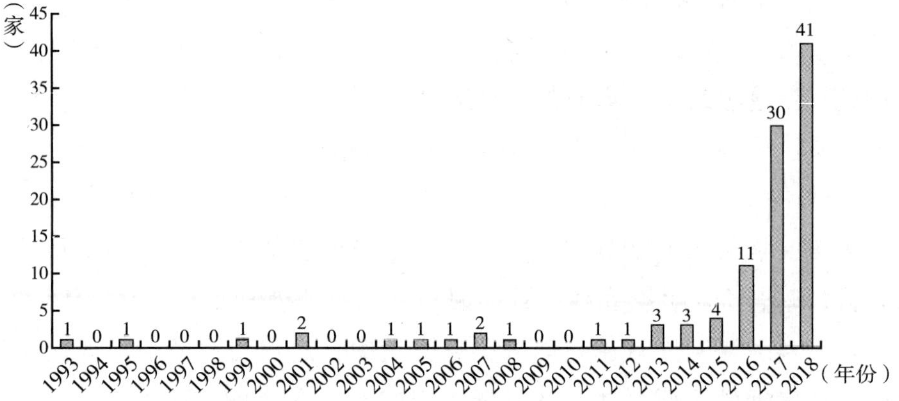

图1　1993～2018年广州市慈善组织成立数量

资料来源：广州市民政局社会组织信息平台网站，http：//www.gzmz.gov.cn/gzsmzj/gznpo/gznpo_index.shtml。

（二）慈善组织的地域分布

从慈善组织登记的住所地址来看，105家慈善组织中有21家分布于天河区，占比为20%。分布在越秀区的慈善组织有18家，占比为17.1%，仅次于天河区。分布于从化区的慈善组织最少，仅2家。另外，分布于花都区、增城区和南沙区的慈善组织数量也较少，分别有3家、4家和5家（见图2）。

（三）慈善组织的登记层级

从慈善组织登记层级来看，105家慈善组织中，有80家在广州市民政局登记，占比为76.2%，其余25家慈善组织在区级民政局登记。从区级层面来看，25家区级登记的慈善组织中，6家登记于番禺区，数量最多；接着是登记于黄埔区的慈善组织，有5家；登记于南沙区、天河区、增城区的慈善组织分别有4家、3家和2家，其余区的情况详见图3。

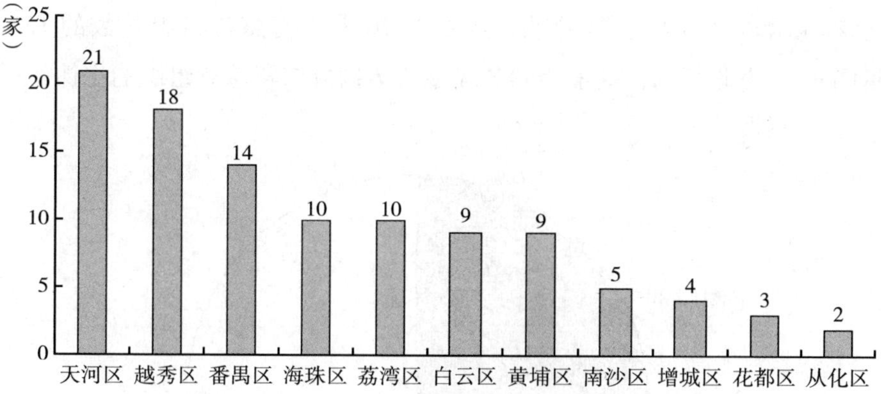

图2　广州市慈善组织登记的住所地址分布情况

资料来源：广州市民政局社会组织信息平台网站，http：//www.gzmz.gov.cn/gzsmzj/gznpo/gznpo_ index.shtml。

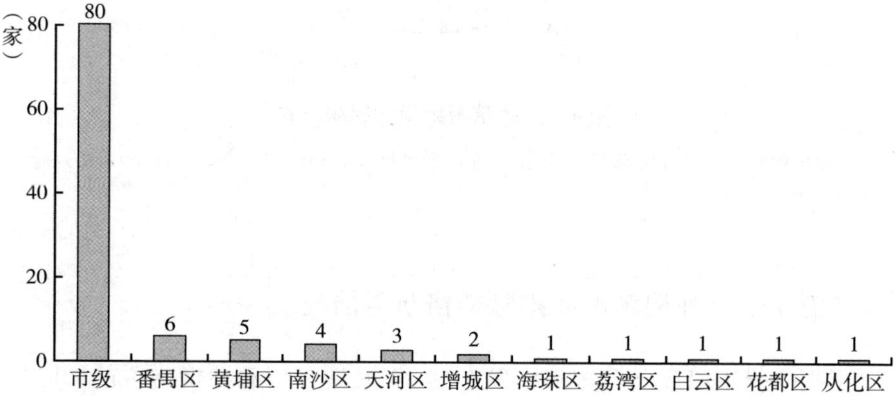

图3　广州市慈善组织登记层级与区域

资料来源：广州市民政局社会组织信息平台网站，http：//www.gzmz.gov.cn/gzsmzj/gznpo/gznpo_ index.shtml。

（四）慈善组织的组织形式

进一步分析慈善组织的组织形式，基金会这一组织形式占比达49.5%，社会团体占42.9%，社会服务机构（民办非企业单位）仅占7.6%。另外，在名称中冠以“慈善会”的慈善组织有16家，占慈善组织总数的15.2%（见图4）。由此可见，基金会和各级慈善会构成广州慈善组织的主体。

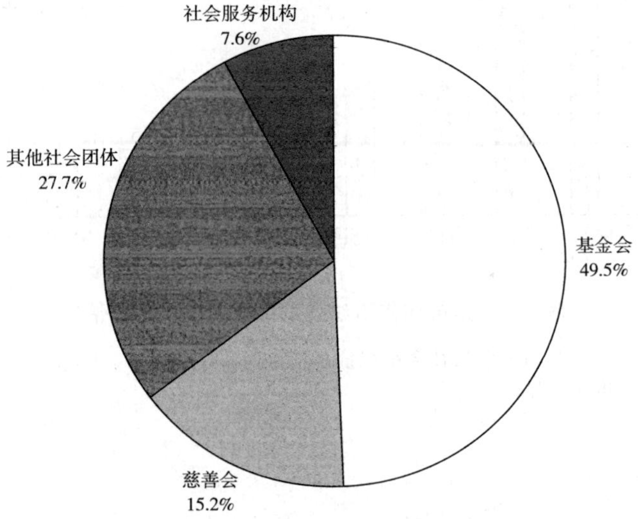

图4　广州慈善组织的组织形式

资料来源：广州市民政局社会组织信息平台网站，http：//www. gzmz. gov. cn/gzsmzj/gznpo/gznpo_ index. shtml。

（五）公益性捐赠税前扣除资格获得情况

根据广州市民政局等多部门发布的89家具有公益性捐赠税前扣除资格的名单，在105家慈善组织中，63家已获得税前扣除资格，占比为60%。其余42家还未获得该项资格。其中，52家基金会中已有50家获得该项资格，占比为96.2%，仅两家还未获得该项资格。但是，社会服务机构（民办非企业单位）中当前无一家获得该项资格。

（六）慈善组织评估等级情况

在 105 家慈善组织中，已于 2018 年之前获得评估等级的组织有 15 家，占比为 14.3%（见图 5）。其中，获得 5A 级的慈善组织有 4 家，分别为广州市慈善会、广州市天河区慈善会、广州市增城区慈善会和广州市黄埔区慈善会；获得 4A 级的慈善组织有 3 家；获得 3A 级的慈善组织有 6 家；获得 2A 级的慈善组织有 2 家，其余 90 家暂无评估等级。

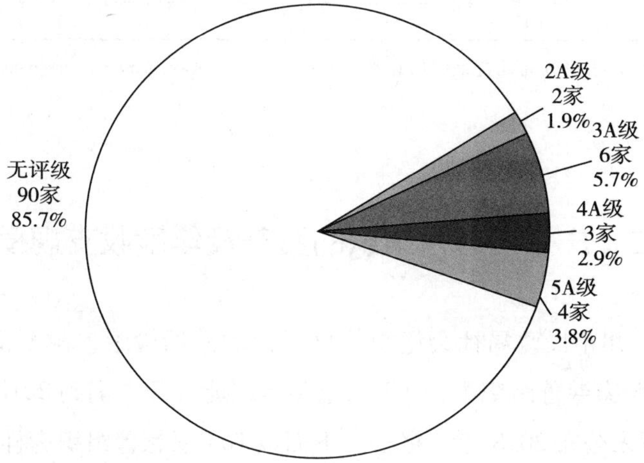

图 5　广州市慈善组织评估等级情况

资料来源：广州市民政局社会组织信息平台网站，http：//www. gzmz. gov. cn/gzsmzj/gznpo/gznpo_ index. shtml。

（七）慈善组织注册资金

注册资金反映了慈善组织成立之初注入组织中的原始资金规模。从整体来看，广州市慈善组织的平均注册资金为 222. 5 万元，有一半的组织注册资金低于 150 万元。其中注册资金为零的慈善组织有 17 家，包含 1 家社会服务机构和 16 家社会团体，其余 88 家慈善组织的注册资金均大于零，又以广州农商银行太阳公益基金会的注册资金最高，达 1 亿元。在慈善组织的三类组织形式中，基金会的平均注册资金为437.6万元，社会服务机构和社会团体的分别为13.6万元和11.1万元（见表1）。

表1　广州市慈善组织的注册资金规模

单位：家，万元

类型	数量	平均值	中位值	最小值	最大值
基金会	52	437.6	200	200	10000
社会服务机构	8	13.6	6.5	0	30
社会团体	45	11.1	3	0	150
总体	105	222.5	150	0	10000

资料来源：广州市民政局社会组织信息平台网站，http：//www.gzmz.gov.cn/gzsmzj/gznpo/gznpo_index.shtml。

二　广州市慈善组织的资产及年度收支规模

通过对广州市民政局社会组织信息平台的数据检索，截至2019年7月31日，在105家慈善组织中，103家慈善组织能公开查询到2018年度报告，其余2家[①]暂未公布2018年度报告。下面以103家慈善组织为样本，从慈善组织年末资产水平、全年收支水平等，对广州市慈善组织2018年度的整体活动情况进行分析。

（一）资产状况

资产和净资产是衡量社会组织规模的一项重要指标。[②] 如表2所示，2018年度，广州市慈善组织的资产总额为11.5亿元，平均资产规模为

① 这2家慈善组织是广州市黄埔区艺术推广志愿者协会、广州市黄埔区互助公益协会。

② 按照《民间非营利组织会计制度》中的定义，民间非营利组织的资产是指过去的交易或者事项形成并由民间非营利组织拥有或者控制的资源，该资源预期会给民间非营利组织带来经济利益或者服务潜力。净资产是指资产减去负债后的余额。净资产按照其是否受到限制，分为“限定性净资产”和“非限定性净资产”两类。

1115.1 万元，一半数量的慈善组织资产规模不足 199 万元，部分组织的资产规模为 0，广州市慈善会的资产规模最大，达 3.8 亿元。在慈善组织的三类组织形式中，社会团体的平均资产规模为 1998.8 万元，高于基金会的551.4 万元，为其 3.6 倍，也远高于社会服务机构（30.4 万元）。

从净资产水平来看，2018 年度，广州市慈善组织的净资产总额为 11.2 亿元，平均净资产规模为 1088.2 万元，一半数量的慈善组织净资产规模低于 197.4 万元，部分组织的净资产规模为负值或 0。广州市慈善会的净资产规模最大，达 3.8 亿元。在慈善组织的三类组织形式中，社会团体的平均净资产规模为 1947.2 万元，高于基金会的 535.6 万元，为其 3.6 倍，也远高于社会服务机构的 63.1 万元。

表 2　广州市慈善组织 2018 年末资产规模

类型	指标	资产	净资产
基金会	数量(家)	52	52
	平均值(万元)	551.4	535.6
	总额(万元)	28670.7	27849.2
	中位值(万元)	208.4	203.8
	最小值(万元)	0.7	-4.3
	最大值(万元)	11486.4	11306.1
社会服务机构（民办非企业单位）	数量(家)	8	8
	平均值(万元)	30.4	63.1
	总额(万元)	243	504.8
	中位值(万元)	20	31.1
	最小值(万元)	1.8	-4.2
	最大值(万元)	89.7	300
社会团体	数量(家)	43	43
	平均值(万元)	1998.8	1947.2
	总额(万元)	85946.4	83731.7
	中位值(万元)	15.2	10.0
	最小值(万元)	0	-14.9
	最大值(万元)	38236.3	38172.0

续表

类型	指标	资产	净资产
总体	数量(家)	103	103
	平均值(万元)	1115.1	1088.2
	总额(万元)	114860.0	112085.8
	中位值(万元)	199	197.4
	最小值(万元)	0	-14.9
	最大值(万元)	38236.3	38172.0

资料来源：广州市民政局社会组织信息平台网站，http：//www.gzmz.gov.cn/gzsmzj/gznpo/gznpo_index.shtml。

按照2018年末净资产规模由大至小排列，净资产排名前十的慈善组织包含9家慈善会和1家基金会。排在前三位的分别为广州市慈善会、广州市番禺区慈善会和广州农商银行太阳公益基金会（见表3）。

表3 广州市慈善组织2018年末净资产规模前十位

单位：万元

排名	组织名称	净资产
1	广州市慈善会	38172
2	广州市番禺区慈善会	11399.2
3	广州农商银行太阳公益基金会	11306.1
4	广州市黄埔区慈善会	8410.9
5	广州市从化区慈善会	5989.5
6	广州市花都区慈善会	3660
7	广州市南沙区慈善会	3240.8
8	广州市增城区慈善会	3055.5
9	广州市白云区慈善会	2526.4
10	广州市海珠区慈善会	2411.2

资料来源：广州市民政局社会组织信息平台网站，http：//www.gzmz.gov.cn/gzsmzj/gznpo/gznpo_index.shtml。

（二）收入状况

2018年度，广州市慈善组织的收入总额为6亿元，平均每家慈善组织总收入为580.3万元，一半的慈善组织年度总收入低于42.9万元。广州市慈善会的总收入最高，达1.3亿元。在各类收入中，慈善组织获得的捐赠收入总额为5.7亿元，平均每家慈善组织获得的捐赠收入为553万元。

表4　广州市慈善组织2018年度收入情况

单位：万元

收入类型	总额	均值	中位值	最小值	最大值
捐赠收入	56961.6	553.0	41.8	0	13087.7
会费收入	62.8	0.6	0	0	21.8
提供服务收入	178.7	1.7	0	0	78.6
销售商品收入	0.1	0	0	0	0.1
政府补助收入	380.0	3.7	0	0	137.8
投资收益	915.6	8.9	0	-11	795.6
其他收入	1508.3	14.6	0	0	594.1
总收入	59768.4	580.3	42.9	0	13385.3

资料来源：广州市民政局社会组织信息平台网站，http：//www.gzmz.gov.cn/gzsmzj/gznpo/gznpo_index.shtml。

从收入构成来看，慈善组织的收入主要由捐赠收入构成，其在总收入中所占比重为94.9%。接着为其他收入，占比为2.5%。投资收益占比为1.5%，政府补助收入占比为0.6%，提供服务收入占比为0.3%，会费收入占比为0.1%。此外，按照2018年度总收入规模由大至小排列，总收入排名前十的慈善组织包含8家慈善会、1家基金会和1家其他社会团体。总收入规模前三位的分别为广州市慈善会、广州市花都区慈善会和广州市番禺区慈善会（见表5）。

表5　广州市慈善组织2018年总收入规模前十位

单位：万元

排名	组织名称	总收入
1	广州市慈善会	13385.3
2	广州市花都区慈善会	12288.2
3	广州市番禺区慈善会	5187.1
4	广州市黄埔区慈善会	3565.6

续表

排名	组织名称	总收入
5	广州市从化区慈善会	3338.6
6	广州市海珠区慈善会	3049.6
7	广州市南沙区慈善会	2631.6
8	广州市黄埔公安民警基金会	1527.2
9	广州市白云区慈善会	1082.1
10	广州市乐善助学促进会	923.2

资料来源：广州市民政局社会组织信息平台网站，http：//www.gzmz.gov.cn/gzsmzj/gznpo/gznpo_index.shtml。

（三）支出状况

2018年度，广州市慈善组织的支出总额为5.1亿元，平均每家慈善组织总支出为494.5万元。其中，17家慈善组织2018年的总支出为零，数量占比为16.5%。“广州市慈善会”的总支出水平最高，达1.4亿元。103家慈善组织在2018年度发生的业务活动成本总额为4.8亿元，平均每家慈善组织发生的该项支出为464.2万元。另外，平均每家慈善组织发生的管理费用、筹资费用和其他费用分别为19万元、8.8万元和2.5万元（见表6）。

表6　广州市慈善组织2018年度支出规模

单位：万元

类型	总额	均值	中位值	最小值	最大值
业务活动成本	47811.6	464.2	14.0	0	12850.3
管理费用	1955.8	19.0	1.2	-0.4	1043.7
筹资费用	908.6	8.8	0	-2.3	763.7
其他费用	259.0	2.5	0	-0.2	222.2
总费用	50935.0	494.5	18.1	0	14227.7

资料来源：广州市民政局社会组织信息平台网站，http：//www.gzmz.gov.cn/gzsmzj/gznpo/gznpo_index.shtml。

从支出构成来看，慈善组织的支出主要由业务活动成本构成，其在总支出中所占比重为93.9%；管理费用所占比重为3.8%；筹资费用和其他费用仅占极小比例，分别为1.8%和0.5%（见图6）。

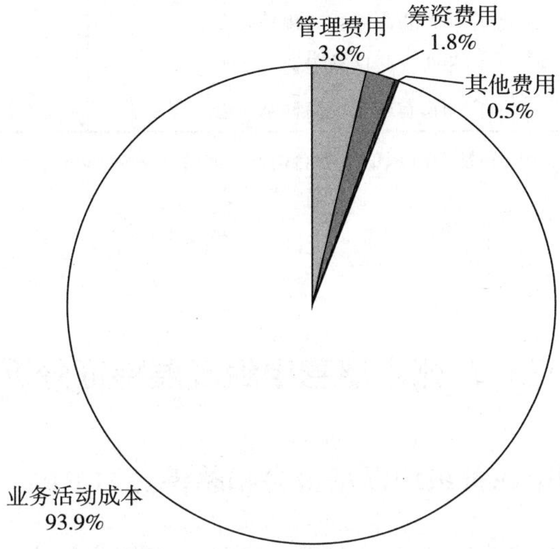

图6　广州市慈善组织2018年度支出构成

资料来源：广州市民政局社会组织信息平台网站，http：//www. gzmz. gov. cn/gzsmzj/gznpo/gznpo_ index. shtml。

按照2018年度业务活动支出规模由大至小排列，排名前十位的慈善组织包含9家慈善会和1家基金会。排在前三位的分别为广州市慈善会、广州市花都区慈善会和广州市番禺区慈善会（见表7）。

表7　广州市慈善组织2018年度业务活动支出规模前十位

单位：万元

排名	组织名称	业务活动支出
1	广州市慈善会	12850.3
2	广州市花都区慈善会	11493.7
3	广州市番禺区慈善会	4000.8
4	广州市黄埔区慈善会	2583.1
5	广州市南沙区慈善会	2548.9

续表

排名	组织名称	业务活动支出(万元)
6	广州市从化区慈善会	2195.9
7	广州市海珠区慈善会	2018.8
8	广州市番禺区化龙镇慈善会	1493.2
9	广州市白云区慈善会	1278.3
10	广州市黄埔公安民警基金会	1001.3

资料来源：广州市民政局社会组织信息平台网站，http：//www.gzmz.gov.cn/gzsmzj/gznpo/gznpo_index.shtml。

三　广州市慈善组织发展特征分析

（一）广州市慈善组织以基金会和慈善会为主体

在广州市已登记或认定为慈善组织的社会组织类型中，基金会的占比达到49.5%，社会团体占42.9%，社会服务机构占7.6%。因此，基金会和各级慈善会构成了广州市慈善组织的主体。这一点不仅体现在慈善组织数量构成上，而且还体现在基金会和各级慈善会所拥有的资产规模及年度收支水平上。在2018年度，广州市已认定为慈善组织的市、区10家慈善会年末净资产规模占到全部慈善组织年末净资产总额的71.3%，年度总收入占到全部慈善组织收入总额的76.7%。

（二）在区级层面登记和认定的慈善组织数量少

截至2018年底，广州市本级登记社会组织有1442家，区级登记社会组织6459家，在区民政部门登记的社会组织数量占全部数量的81.7%。但是，在广州市已登记或认定为慈善组织的105家社会组织中，区级登记的慈善组织数量仅占23.8%，有的区仅有慈善会1家社会组织被认定为慈善组织，这与区级社会组织在广州社会组织总体中所占比例相比偏低。在城乡社区治理大力推进的背景下，如何更好地支持基层慈善组织的发展应成为值得关注的一个问题。

（三）捐赠收入构成广州市慈善组织收入主要来源

2018 年度，捐赠收入在慈善组织总收入中所占比重达 94.9%。其他收入比例较低，特别是来自投资收益的收入较少。这一方面可能反映出慈善组织的捐赠收入以定向为主，限定性较强；另一方面也可以看出慈善组织在保值增值投资方面的探索刚刚开始，特别是拥有相对较大规模慈善财产的慈善会系统及基金会的实践还不多见。《慈善组织保值增值投资活动管理暂行办法》已于 2019 年 1 月 1 日起施行，这为慈善组织的保值增值投资活动开展提供了依据，相信这一办法的出台会推动广州市慈善组织的更多尝试。

（四）基金会在慈善组织体系中的活力相对不足

自 2012 年非公募基金会登记管理权限下放到地市一级民政局后，广州市非公募基金会数量稳步增长。截至 2018 年 12 月底，在广州市登记的基金会共有 64 家，原始注册基金总额也达到 2.6 亿元。如前所述，已认定或登记为慈善组织的基金会有 52 家，占全部基金会数量的 81.3%，占全部慈善组织数量的 49.5%。但是，与基金会在慈善组织中的数量相比，基金会在广州本土公益慈善生态中的活力相对不足，特别是在慈善项目资助、资源平台搭建、慈善领域跨界合作推动中的作用和功能仍旧发挥有限。因此，如何有效激发基金会活力，也应成为下一阶段广州慈善组织发展中值得思考的一个重要议题。

（五）具有公开募捐资格的慈善组织数量较少

根据《慈善组织公开募捐管理办法》中的规定，《慈善法》公布前设立的非公募基金会、具有公益性捐赠税前扣除资格的社会团体，登记满二年，经认定为慈善组织的，可以申请公开募捐资格。在广州市 105 家慈善组织中，获得公开募捐资格的慈善组织有 8 家，占 7.6%。其中包括 7 家慈善会和1家其他社会团体。但在慈善组织数量中占主体地位的基金会当前还未有一家具备公开募捐资格。具有公开募捐资格的慈善组织数量不足且组织形式单一，将在一定程度上影响区域联合劝募及慈善募捐模式的创新发展。

四　推动广州市慈善组织发展的对策建议

（一）落实《慈善法》及其配套政策，加快慈善组织认定和登记工作

慈善组织是广州“慈善之城”创建的一支重要主体力量，建议进一步加强《慈善法》及其配套政策的落实，继续推进公益慈善类社会组织直接登记制度的有效实施，制定清晰明确的登记认定标准，提升慈善组织认定和登记的积极性。此外，在慈善组织税收优惠、扶持激励等方面制定专门的政策，促进慈善组织的权利和义务逐步对等。

（二）加强基金会人才队伍建设，推动基金会有效参与本土公益生态建设

广州市登记的基金会数量稳步增长，在广州已经认定和登记的慈善组织中，基金会的数量也接近一半。因此，基金会作用的有效发挥对于广州慈善组织体系及本土公益生态建设具有重要意义。建议以基金会专业人才培养为切入点，推动基金会的专业化发展。同时，优化升级“广州基金会发展论坛”等基金会交流学习机制，激发基金会发展活力。

（三）打造慈善项目和募捐活动品牌，提升慈善组织募捐能力和效能

募捐能力是慈善组织内在发展能力的重要体现。对此，建议继续发挥广益联募的平台功能，进一步明确其在中国互联网募捐信息平台中的定位，紧密结合广州城市文化特征，着力打造“运动＋慈善”和“民俗＋慈善”等

慈善组织联合劝募系列品牌活动，增强募捐效能。此外，应加快慈善项目的品牌化建设，重点打造一批地域覆盖度广、项目特色鲜明的慈善项目，增强社会多元资源的聚集和动员能力。

（四）引导慈善组织重心向下，发挥慈善服务功能，参与基层社区治理

党的十九大报告明确提出："加强社区治理体系建设，推动社会治理重心向基层下移，发挥社会组织作用，实现政府治理和社会调节、居民自治良性互动。"[①] 在打造共建共治共享的社会治理格局大背景下，慈善组织应积极参与基层社会治理，深入实施"社工＋慈善"战略，整合社区多方资源，发挥慈善在社区治理创新中的独特功能和价值。

（五）增强广州市慈善行业组织对慈善组织的凝聚、联系和服务功能

随着慈善组织数量的增加，慈善行业组织的作用日益重要。作为国内成立较早的慈善行业组织，建议广州市公益慈善联合会在过往多年工作积累的基础上，基于行业组织的定位和使命，除了继续深入开展慈善人才培养等项目外，在慈善组织相关政策倡导、行业自律与规范化建设、慈善领域团体标准制定等方面发挥更加重要和突出的作用，特别是增强对慈善组织的凝聚、联系和服务功能，促进广州慈善行业整体发展水平的提升。

① 《决胜全面建成小康社会　夺取新时代中国特色社会主义伟大胜利——在中国共产党第十九次全国代表大会上的报告》，人民出版社，2017，第 49 页。

B.3

广州市慈善会系统研究报告

严国威*

摘　要： 随着依法治善时代的到来，以社会化、专业化为重点的慈善体制改革成为慈善会系统发展的重要方向。本报告在对中国慈善会系统改革发展趋势进行概述的基础上，梳理了广州市、区两级慈善会的发展现状和主要挑战。研究发现，与2017年相比，2018年广州慈善会系统的总体营运能力有所优化，总资产、净资产、总收入稳步增长。2018年广州慈善会系统在推进社会化转型、创新人人慈善新形式、传播本土慈善文化、助力脱贫攻坚、推广冠名基金等方面开展了诸多探索，但同时在发展模式、人才支撑、品牌建设等方面存在不小挑战。最后，报告建议广州慈善会系统继续以构建依法自治、权责明确、运转协调的现代慈善组织为发展方向，提升组织专业能力，加强公益项目品牌化建设，发挥区域慈善枢纽作用，推动本地公益生态系统建设。

关键词： 慈善会　慈善枢纽　社会化　广州市

一　研究背景和方法

1994年，广州市慈善会召开成立大会；2002年，广州市慈善会通过社

* 严国威，中山大学社会学与人类学学院研究人员。

会化筹款建成了广州市慈善医院，成为全国首家完全新建的、具有慈善救助服务性质的大型综合医院；2009 年，广州市将每年 12 月 12 日定为“广州慈善日”并在次年与“广东扶贫济困日”合并举行；2012 年，《广州市募捐条例》的实施使广州在全国省会城市中率先开放公募权；2016 年，广州市开展“羊城慈善为民”行动；2017 年，广州市提出深化“羊城慈善为民”行动，创建全国“慈善之城”；2018 年，广州市成功举办“中国善城大会暨第五届中国城市公益慈善指数发布会”，城市公益慈善指数得分位列全国第二、全省第一。在打造城市慈善发展样本过程中，广州市各级慈善会发挥着重要作用。

慈善会系统是我国在特定历史时期建立起来的一种慈善事业运行机制，长期承担民政系统等政府部门委托的工作任务，在紧急状况下发挥着运用政府资源和动员社会资源的行政职能，“官民两重性”是慈善会系统最突出的特征。2011 年“郭美美事件”导致官办慈善机构的公信力遭遇重大冲击，特别是 2016 年《慈善法》出台之后，以社会化、专业化为重要内容的慈善体制改革成为慈善会系统发展的重要方向。上海、深圳等一些城市率先试水慈善会的“社会化”和“基金会化”。在此背景下，2018 年广州慈善会系统的发展状况如何？其体制改革呈现何种趋势，又面临哪些挑战？本报告将对此进行初步分析。

本报告采取定量与定性相结合的研究方法，力图呈现 2018 年广州慈善会系统的基本状况、发展趋势与主要挑战。我们对 12 家广州市、区两级慈善会 2018 年的年报公开数据进行统计分析，名单见表 1。同时分析了 12 家慈善会近三年的工作总结，梳理了广东省及广州市近年来出台的与慈善会相关的政策，并收集了国内关于慈善会的统计数据、研究报告、学术论文等文献资料。本报告将首先回顾慈善会系统的发展历程和改革实践，其后描述 2018 年广州慈善会系统的发展状况，包括基本信息、财务状况等内容。在此基础上，重点梳理广州慈善会系统的发展趋势和主要挑战，最后就广州慈善会系统在新时代实现创新发展提出策略建议。

表1 广州市、区两级慈善会名单

单位：万元

序号	名称	评估等级	成立时间	慈善组织认定	注册资金
1	广州市慈善会	5A	1994年6月5日	是	5
2	广州市越秀区慈善会	未评级	2001年10月11日	否	3
3	广州市海珠区慈善会	未评级	1999年2月21日	是	5
4	广州市荔湾慈善会	未评级	1999年6月28日	否	3
5	广州市天河区慈善会	5A	1995年3月24日	是	5
6	广州市白云区慈善会	4A	2006年11月22日	是	100
7	广州市黄埔区慈善会	5A	2005年12月21日	是	3
8	广州市花都区慈善会	4A	2008年9月27日	是	3
9	广州市番禺区慈善会	4A	2001年5月15日	是	150
10	广州市南沙区慈善会	未评级	2007年3月16日	是	3
11	广州市从化区慈善会	3A	2004年11月30日	是	3
12	广州市增城区慈善会	5A	2007年8月1日	是	10

资料来源：广州市民政局社会组织信息平台网站，http://www.gzmz.gov.cn/gzsmzj/gznpo/gznpo_index.shtml。

二 中国慈善会系统改革发展趋势概述

民政系统主管的慈善会系统是当前我国第二大慈善组织系统，仅次于中国红十字会系统。目前的法律法规并没有对“慈善会”进行清晰的界定，但是从实践来看，“慈善会”是指以当地民政系统为主要发起方而成立的社会团体，也包括部分以事业单位形式成立的慈善会，以及由慈善会衍生出来的慈善基金会。① 作为我国公益慈善事业的重要组成部分，慈善会系统在救灾、扶贫、济困、助医、助学、恤孤等领域提供各类慈善服务。2017年我国社会捐赠的主要流向依然是基金会和慈善会系统，两者接收捐赠分别为

① 中民慈善捐助信息中心：《中国慈善会发展报告》，中民书系·研究系列，2012，第2页，https://max.book118.com/html/2016/0226/36000730.shtm。

658.04 亿元、450.03 亿元，合计占到全年度捐赠总量的 73.87%。[1]

《慈善法》的出台为中国公益慈善事业的发展带来了前所未有的新环境，慈善组织数量快速增长，开放和竞争的行业态势日益显现，从传统慈善向现代慈善转型，成为慈善会系统不可逆转的发展趋势。其重要内容就是“社会化”与“专业化”，核心目标是健全法人治理结构，独立开展活动，独立承担法律责任，并且接受社会监督。

从全国层面来看，《慈善法》出台后慈善会系统的改革实践呈现如下趋势。其一是战略定位重回民间属性，治理结构、人员构成、资源筹集逐步从政府主导转向社会主导。但是在实际运行中，各地慈善会的“行政化”现象依然存在。其二是慈善资源“垄断”优势减弱，公募资格不再为少部分慈善组织垄断。但是中国慈善捐助数据显示，慈善会系统吸收社会捐赠和政府财政补贴的优势依然十分明显。其三是内部治理结构和透明度建设逐步优化，一方面是健全法人治理结构，完善“理事会—监事会—秘书处”的决策、监督与执行机制；另一方面是严格规范募捐管理、捐赠物资管理、项目管理、财务管理等工作流程。其四是人力资源构成不断优化，社会化招聘的员工比例正在超过原有体制内编制员工，专业化和年轻化程度更高。其五是公益慈善项目的品牌化程度显著提升，通过“冠名基金”和“专项基金”等方式，充分调动社会慈善资源。其六是互联网公益迅速发展，充分发掘其在传播能力、沟通能力和劝募效率方面的优势，例如广益联募平台（原广州市慈善会慈善信息平台）的建设具有示范意义。

三　广州慈善会系统发展现状

（一）评估等级及公开募捐资格获取情况

广州市、区两级慈善会中，最早成立的是广州市慈善会，于 1994 年 6

---

① 《〈2017 年度中国慈善捐助报告〉发布》，中国慈善联合会网站，2018 年 9 月 25 日，http：//www.charityalliance.org.cn/news/11841.jhtml。

月5日召开成立大会，最晚成立的是花都区慈善会，成立于2008年9月27日。在社会组织等级评估方面，有4家为5A级，3家为4A级，1家为3A级，另有4家尚未参与评估。有10家慈善会已认定为慈善组织，越秀区慈善会、荔湾慈善会这两家尚未认定。12家慈善会全部获得公益性捐赠税前扣除资格。此外，慈善会的注册资金差距较大，大部分慈善会的注册资金在3万~10万元，白云区慈善会和番禺区慈善会则分别高达100万元和150万元。在《慈善法》实施后，具有公开募捐资格的慈善会共有7家，越秀区慈善会、海珠区慈善会、荔湾慈善会、白云区慈善会、南沙区慈善会尚未取得公开募捐资格。

（二）2018年度收入来源及结构

慈善会系统的慈善收入来源包括捐款收入、会费收入、提供服务收入、销售商品收入、政府补助收入、投资收益和其他收入七类。2018年12家慈善会的收入类型主要为捐赠收入、政府补助收入和其他收入，总收入合计为4.79亿元，高于2017年的3.83亿元。

进一步对慈善会系统的收入结构进行分析，数据显示，2018年12家慈善会的捐赠收入合计为4.63亿元，高于2017年的3.76亿元。其中，最高的是广州市慈善会，为1.31亿元。与2017年相比，增长最多的是花都区慈善会，新增8579.97万元，增幅为235.12%。2018年12家慈善会中有7家获得政府补助收入，合计为272.62万元，平均每家22.72万元。2018年获得政府补助收入最多的是海珠区慈善会，为137.78万元（见表2）。

表2　2018年度广州慈善会系统收入结构

名称	总收入	捐赠收入		政府补助收入		其他收入	
	金额（万元）	金额（万元）	占比（%）	金额（万元）	占比（%）	金额（万元）	占比（%）
广州市慈善会	13385.29	13087.67	97.78	16	0.12	281.61	2.10
广州市花都区慈善会	12288.16	12229.14	99.52	20.69	0.17	38.33	0.31
广州市番禺区慈善会	5187.10	4505.70	86.86	0	0	681.40	13.14

续表

名称	总收入	捐赠收入		政府补助收入		其他收入	
	金额（万元）	金额（万元）	占比（%）	金额（万元）	占比（%）	金额（万元）	占比（%）
广州市黄埔区慈善会	3565.56	3386.19	94.97	48.08	1.35	131.28	3.68
广州市从化区慈善会	3338.56	3279.02	98.22	0	0	59.54	1.78
广州市海珠区慈善会	3049.60	2906.85	95.32	137.78	4.52	4.96	0.16
广州市南沙区慈善会	2631.56	2621.84	99.63	0	0.00	9.72	0.37
广州市越秀区慈善会	1232.93	1194.69	96.90	29	2.35	9.23	0.75
广州市白云区慈善会	1082.15	1074.99	99.34	0	0	7.16	0.66
广州市荔湾慈善会	791.62	789.76	99.77	0	0	1.86	0.23
广州市增城区慈善会	786.67	679.29	86.35	1.06	0.13	106.32	13.52
广州市天河区慈善会	547.64	524.49	95.77	20	3.65	3.14	0.57

资料来源：广州市民政局社会组织信息平台网站，http：//www.gzmz.gov.cn/gzsmzj/gznpo/gznpo_index.shtml。

对于慈善会系统的收入而言，企业捐赠是当前最重要的收入来源。特别是每年的“广东扶贫济困日”，捐赠的企业数量较为集中。但在实地调研中也有慈善会负责人提到，目前这种募捐形势也面临挑战：“现在越来越难募资，因为企业受经营效益的影响，不能保持持续的捐赠热情度。”与此同时，也有部分被访慈善会正在积极创新资源筹集模式。其中，大力发展“冠名慈善基金”是重要的方法之一。一些慈善会在企业冠名基金之外新增个人和社会组织冠名基金，并且极大地降低了设立门槛。

（三）项目运作模式

随着“慈善之城”创建的深入推进，2018 年广州慈善会系统在公益项目运作过程中非常重视品牌项目的打造与优化。其中影响力较大的项目包括，广州市慈善会为困境儿童提供全方位救助的“爱蕾行动”项目，与各级慈善会联动开展的“慈善医疗和应急救助项目”和“长者饭堂·爱心餐”项目；番禺区慈善会开展的为困难群体募集专项善款的“慈善健康行”项目，促进区福利院监护的血液病孤儿回归家庭、融入社会的“血液病孤儿家庭寄养”项目，为失独家庭提供社会支持的“失独家庭”项目。

目前广州慈善会系统的公益项目类型兼具运作型和资助型，不同慈善会的比例有所差异。对于资助型项目，部分被访慈善会认为本地公益慈善组织的承接能力还有待加强。一慈善会负责人认为：“资助型的优点就是能够减轻慈善会的运作负担，让慈善会能够开展更加丰富多样的项目；资助型的缺点就是现在还没有形成完善的监督机制，把项目委托给别人做，总是很担心有没有把钱用到实处，有没有贪污腐败等问题。所以，慈善会在选取委托机构时，都会先看有没有承接政府购买服务的经验，有的话效果怎么样，一般不会选择没有过承接过政府购买服务的组织。”另一调研的慈善会2018 年度的公益项目均为运作型，未开展资助型项目，负责人表示：“一方面是我们的大部分项目都是慈善救助类项目，没必要耗费中间成本去委托其他社会组织来实施，另一方面本地区具有能力承接相关项目的社会组织数量较少。”

（四）年末净资产水平与支出规模

本报告分析了12 家慈善会2018 年度的年末净资产水平和支出情况。结果显示，在净资产方面，2018 年 12 家慈善会的年末净资产合计为 8.39 亿元，高于2017 年的 7.95 亿元。其中，净资产最高的是广州市慈善会，为3.82 亿元，最低的是荔湾慈善会，为 962.37 万元（见图 1）。11 家区级慈善会中，番禺区慈善会净资产最高，为 1.14 亿元。与 2017 年相比，净资产金额增长最多的是从化区慈善会，新增 1117.36 万元。

在总费用方面，12 家慈善会的年度总费用为 4.35 亿元，高于 2017 年的 3.51 亿元。其中，2018 年度总费用最高的为广州市慈善会，为 1.42 亿元，最低的为天河区慈善会，为 372.85 万元。慈善会系统的总支出一般由四部分构成，包含业务活动成本、管理费用、筹资费用和其他费用。其中，业务活动成本在总费用中占比最高，2018 年产生业务活动成本的 11 家慈善会的平均占比为 97.20%，占比最高的为海珠区慈善会，为 100%，占比最低的为广州市慈善会，为 90.32%。

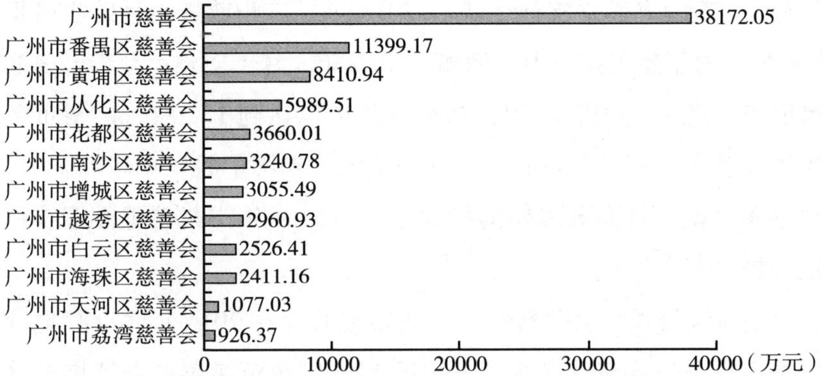

图1　2018 年度广州市、区两级慈善会净资产水平

资料来源：广州市民政局社会组织信息平台网站，http：//www. gzmz. gov. cn/gzsmzj/gznpo/gznpo_ index. shtml。

2018 年 12 家慈善会的业务活动成本总额为 4. 1 亿元，高于 2017 年的 3. 29 亿元。其中，业务活动成本最高的为广州市慈善会，为 1. 29 亿元，最低的为天河区慈善会，为 346. 23 万元。与 2017 年相比，业务活动成本增长最多的为花都区慈善会，新增 8228. 03 万元，增幅为 251. 95%。

2018 年度 12 家慈善会中 11 家产生管理费用，管理费用总额为 1427. 06 万元，高于 2017 年的 1371. 24 万元。其中，管理费用最高的为广州市慈善会，为 1043. 69 万元，最低的为白云区慈善会，为 5140 元。

四　广州慈善会系统发展趋势与挑战

（一）广州慈善会系统年度发展趋势

《慈善法》颁布实施后，广州提出“人人慈善为人人”，开展“羊城慈善为民”行动，通过“慈善 +”进一步激发慈善活力。2017 年，广州市提出深化“羊城慈善为民”行动，计划用四年时间，通过七大行动、十大指标①，建设成为“慈善之城”。2018 年，广州慈善会系统积极投入到“慈善之城”的创建工作当中。例如，2018 年 3 月，广州市慈善会发起成立广州市创建“慈善之城”联盟，首批成员单位达到 152 家。广州市慈善会的“羊城慈善为民行动”项目、星河湾集团荣获第十届“中华慈善奖”。在创建“慈善之城”的发展战略的指导之下，2018 年广州慈善会系统呈现如下发展趋势。

其一是继续推进社会化转型。广州市慈善会在 2014 年联合其他社会组织成立了广州市公益慈善联合会。2018 年，广州市慈善会继续推进社会化转型。例如 2018 年 9 月 26 日，广州市慈善会选举产生了新一届理事会、监事会成员，理事会会长由广州市民政局局长担任，7 名副会长中 3 人为政府相关部门负责人、3 人为民营企业负责人、1 人为基金会负责人，而 43 名理事会成员中 33 名为爱心企业家代表，占比超过七成。

此外，广州慈善会系统稳步实施慈善款物募用分离改革。慈善款物募用分离是指在款物募集方面有优势的慈善组织负责慈善资源的募集和管理，并以一定方式分配给有服务专长的慈善组织运作项目、开展活动，通过筹募与使用的适度分离和不同慈善组织之间的分工协作，提升慈善款物使用效率的一种做法。2016 年广东省民政厅选取广州市作为慈善款物募用分离试点城市，当年广州市慈善会就制定了《广州市慈善会关于开展慈善款物募用分离工作实施方案》。2018 年，广州市慈善会及一些区级慈善会继续举办公益

① “七大行动”：一是多种爱心方式拓展捐赠机制；二是大数据平台完善救助系统；三是慈善标识营造善城氛围；四是创投创新平台锻造专业队伍；五是枢纽建设带动慈善创新；六是四位一体监管提升慈善活力；七是慈善激励促进全民参与。“十大指标”包括一个标志性指标、两个特色性指标、三个关键性指标、四个基础性指标。一个标志性指标：建设一个集体验、筹款、展示、孵化、传播、服务于一体的现代化、信息化慈善地标。两个特色性指标：一是在城市重点公共广场、公园、旅游观光景点等，打造不少于 200 个公众参与度高的慈善广场；二是打造 10 个知名度较高的品牌慈善组织及 50 个品牌慈善项目。三个关键性指标：一是年度捐赠总额占全市 GDP 总额不低于 0.08%；二是捐赠年增长率不低于 5%；三是注册志愿者（义工）占城镇常住人口比例在 15% 以上。四个基础性指标：一是每万人拥有社会组织数量不少于 8.5 个；二是社会组织从业人员占经济活动人口比重不少于 2.5%；三是慈善活动数年均增长率达 10%；四是慈善信息公开达标率为 100%。

慈善创投项目大赛，不断优化慈善资源配置方式。

其二是创新人人慈善新形式。在“慈善＋”理念的推动下，2018 年广州慈善会系统不断创新慈善募捐新形式。例如，以“慈善＋商业”模式举办第三届北京路公益慈善嘉年华，开始于 2016 年的北京路公益慈善嘉年华是广州市首次在商业步行街举办的大型公益慈善活动，也是国内首个将大型商业步行街打造成慈善一条街的创新案例。以“慈善＋运动”模式举办为爱奔跑、为爱徒步、为爱骑行等“为爱”系列主题活动，积极打造广州大型公众慈善众筹活动平台。以“慈善＋救助服务”模式联合医院和慈善组织实施慈善医疗救助、爱蕾行动困境儿童救助、福彩及时雨专项救助、血友病援助项目等慈善救助。

以“慈善＋互联网”全面升级互联网慈善综合服务平台，进一步畅通公众慈善活动渠道。主要工作包括升级广益联募平台，开通广益联募一键通全国免费热线电话（4008599595），与广东银联网络支付有限公司合作搭建“月捐计划”系统等。此外，2017 年 9 月，广州市慈善会出资成立广州市广益联合募捐发展中心，负责广益联募平台日常的运作管理，包括慈善项目募捐上线审核、慈善项目款项拨付管理、慈善项目实施进度信息公开反馈等。不仅为广州慈善组织，也为全国慈善组织开展募捐和慈善活动提供支持。[①]

其三是传播本土慈善文化。一方面，2018 年 1 月广州市慈善会、广州市公益慈善联合会联合发布“2017 年度广州慈善榜”，具体包括“慈善捐赠榜”“慈善影响力榜”“慈善歌曲榜”，弘扬慈善文化。另一方面，2018 年广州市慈善会联合多家单位继续开展“广州十大慈善标志评选活动”，慈善标志建设包括慈善广场、慈善社区、慈善街道、慈善乡村、慈善学校、慈善公园等，有利于形成各具特色、内涵丰富、便捷参与的公众慈善平台。至 2018 年 12 月 31 日，已打造北京路慈善一条街、海珠湿地慈善公园、增城

① 《广州市慈善会 2017 年工作总结》，广州市慈善会网站，2018 年 9 月 4 日，http：//www. gzcf. org/WebSite/ShowNews/485/548。

大埔围慈善乡村等慈善活动基地234个。

其四是有效助力脱贫攻坚。2018年，通过广东扶贫济困日暨“羊城慈善为民”行动等募捐品牌，广州慈善会系统积极引导企业资源和社会捐赠，助力精准脱贫。2018年6月29日，广州市启动2018年广东扶贫济困日活动暨深化“羊城慈善为民”行动，启动仪式上社会各界认捐款物达6.31亿元。通过设立“我为广东脱贫攻坚献爱心”项目和深化“羊城慈善为民”行动相关项目，广州市慈善会积极倡议全市党政机关、企事业单位、社会组织干部职工以及社会各界爱心人士积极奉献爱心，共同助力扶贫。2018年，广州市各区级慈善会也积极发挥慈善事业在脱贫攻坚战中的重要作用。例如，番禺区慈善会将香港慈善基金、区总商会光彩事业基金履行社会责任和脱贫攻坚相结合，先后向梅州市五华县、贵州省毕节市等对口扶贫地区捐赠善款108.25万元，同时协助区有关部门、企业年内向对口帮扶贫困地区划拨扶贫资金247.41万元。①

其五是积极推广冠名基金。2018年，广州慈善会系统积极推广建立以冠名基金为依托的劝募机制，探索与企业、个人建立起长效的慈善合作关系。截至2018年12月底，广州市慈善会新设立118个冠名慈善基金，包括广州首个国有企业慈善基金——广百慈善基金、首个宗教慈善基金——大佛寺善友康乐社抗癌基金、广州首个社区基金——人和社区公益基金等，2018年慈善基金累计捐赠总额超过2400万元。2018年，广州市各区级慈善会也积极推广冠名基金，动员企业和爱心人士参与慈善事业。例如，2016年制定的《广州市番禺区慈善会冠名慈善基金管理办法》极大降低了设立冠名慈善基金的门槛，即设立人为自然人的只需100元，设立人为法人或其他社会组织的只需3万元。2017年，番禺区慈善会新增10个冠名慈善基金，涌现了区总商会光彩事业基金、石碁教育线解困助学基金、区女企业家协会慈善帮扶基金等一批企业（组织）基金，侨胞彭伟权

① 《番禺区慈善会2017年工作总结及2018年工作计划》，广州市番禺区慈善会网站，http://pycs.org.cn/article-13889.html。

先生、陈栋财先生等一批个人冠名基金，共筹集善款 1594.42 万元。多个冠名基金在原有规模上增资，如敏捷集团慈善基金连续第五年捐款 600 万元，番港慈善基金增资 366.58 万元，区妇联“妇女献爱心”基金增资 943.85 万元。①

其六是品牌项目不断优化。作为广州慈善会系统的领军者，广州市慈善会尤为重视公益慈善品牌项目的研发和优化。近些年来，其主要品牌项目如下。为困境儿童提供全方位救助的“爱蕾行动”项目，2009 年正式启动，内容涵盖助学、助医和生活困难救助，受惠人群已从本市户籍扩大到外来务工家庭儿童。截至 2018 年 12 月底，已累计接受社会捐赠 1002.4 万元，累计救治困境儿童 740 人次，救助金额达 805.8 万元。对广州医疗救助体系进行有效补充的“慈善医疗和应急救助”项目，2010 年正式启动，为广州市慈善会联合各区级慈善会共同开展，慈善医疗救助最高标准从 3 万元提升至 6 万元，慈善应急救助最高标准从 2 万元提升至 3 万元。截至 2018 年 12 月底，已累计救治 5245 人次，救助金额达 3535.1 万元。为全市长者送爱心餐的“长者饭堂·爱心餐”项目，2017 年底开展联合劝募，为广州市慈善会联合各区级慈善会共同开展。截至 2018 年 12 月底，全市对接慈善资源 660 万元，借助广益联募平台筹集善款逾 43 万元。②

除了前文提到的广东扶贫济困日暨“羊城慈善为民”行动系列项目之外，2018 年广州市各区级慈善会也不断优化已有重点公益慈善项目。例如，番禺区慈善会的“慈善健康行”项目是番禺区慈善会一年一度的大型筹款活动，每年为不同的困难群体筹款，所得善款用于开展各类专题项目。2013 ~ 2017 年，分别为血液病患者救助项目、异地务工人员重大疾病医疗救助项目、保护未成年人项目和困难单亲家庭项目筹款，2018 年的主题为关爱残障人士。

---

① 《番禺区慈善会 2017 年工作总结及 2018 年工作计划》，广州市番禺区慈善会网站，http://pycs.org.cn/article-13889.html。

② 参见广州市慈善会内部资料。

（二）广州慈善会系统发展中的主要挑战

一是引进和留住专业人才面临较大挑战。部分慈善会缺乏稳定的筹款与传播团队，同时员工流失现象较为严重，“工作量大，常常加班”和“工资水平不高”是主要原因。

二是理事会的决策作用发挥有限。在社会组织治理架构层面，按照法规政策及慈善会章程，慈善会的内部治理机制较为清晰，设置有监事会、理事会、秘书处。但在实际运作中理事会的决策作用发挥有限，部分理事的参与积极性不强，有建设性意见不多，并且缺乏相应的退出机制。

三是资源筹集渠道较为单一，社会化募捐程度有限。虽然很多慈善会在持续探索社会化募捐，也取得积极成果，但是在特定时段内的企业集中捐赠依然是广州慈善会系统的重要收入来源，行政动员在此过程中发挥着重要影响。此外，广州慈善会系统的专业募款能力与日益增长的慈善救助和服务需求之间仍然存在较大差距，亟待开拓慈善资金的募集渠道。

四是项目设计、监测评估、品牌战略等工作机制有待完善。2018 年广州慈善会系统的公益项目管理能力正在逐步提升，但同时在项目设计、监测评估、品牌战略、人才引进等方面缺乏相应的工作机制，公益项目的专业性、活力和可持续性有待提升，难以满足本地慈善快速发展的多层次和个性化需求。

五　促进广州慈善会系统创新发展的对策建议

2018 年广州慈善会系统的总体规模能力和总体经营能力有所优化。与 2017 年相比，2018 年 12 家慈善会的总资产、净资产、总收入均增长明显。2018 年广州慈善会系统在推进社会化转型、创新人人慈善新形式、传播本土慈善文化、助力脱贫攻坚、推广冠名基金、优化品牌项目等方面开展了诸多探索。但是对于初次“下海游泳”的部分慈善会而言，如何确保自身的行业竞争力和资源获取能力，如何在转型过程中平衡和有效处理与政府主管部门等相关方的关系，成为它们亟待解决的现实问题。对此，本报告尝试对广州慈善会系统的未来发展和改革方向提出以下几点探索性建议。

（一）继续推进权责明确、依法自治、运转协调的现代慈善组织建设

广州慈善会系统需要继续以构建依法自治、权责明确、运转协调的现代慈善组织为发展方向，着力进行人力资源的社会化和专业化招聘，强化理事会的决策作用并完善理事的退出机制，完善财务监管和信息公开机制，建立多元化的行业监管机制等。

（二）发挥区域慈善枢纽作用，推动本地公益生态系统建设

在发展模式方面，广州慈善会系统需要进一步发挥区域慈善枢纽的作用，继续推进慈善款物募用分离改革，优化政府及社会慈善资源配置。同时，慈善会系统不仅发挥着慈善资源蓄水池和调节器的重要作用，而且是本地公益慈善生态建设的重要推动者。因而，需要继续探索通过公益创投大赛、公益项目合作、能力建设培训、联合政策倡导等工作机制推动本地区慈善组织专业能力的提升。

（三）拓展慈善资源多元渠道，重视并有效运用互联网募捐平台

广州慈善会系统的多元化慈善资源应当包括社会捐赠、企业捐赠、政府补贴、投资收益等多种类型。在互联网公益成为慈善新趋势和社会新风尚的当下，广州慈善会系统的筹款模式需要依托公益项目的品牌化、组织信息透明化，借助广益联募等互联网募捐平台实现更有效的互联网募捐。

（四）提升公益项目的品牌研发，逐步扩大社会影响力和政策影响力

面对新时代广大人民群众对美好生活的多层次需求，包括慈善会在内的慈善组织对创新公益项目有着更高的要求。坚持公益项目的品牌化成为广州慈善会系统未来发展的重要方向，这包括提升公益项目设计与管理的专业能力，强化管理团队在组织运营中的品牌逻辑和战略眼光，投入相应人力资源和项目经费建立起重点公益项目品牌研发的工作机制，加大对外传播和政策参与力度以扩大品牌项目的社会影响力和政策影响力。

（五）提升组织专业能力，营造有利于专业人才发展的支持性环境

引进和留住专业人才成为广州慈善会系统实现上述专业化和社会化发展的核心要素，需要联合多方力量共同为慈善组织营造引进和留住专业人才的支持性环境。对于慈善会而言，最为迫切的是建立适应慈善会未来发展趋势和要求的社会化和市场化的薪酬机制，探索适合公益慈善行业的绩效考核制度，以吸引更多优秀的专业人才进入慈善领域。

B.4

广州市慈善组织公开募捐情况研究报告

陆小慧*

摘　要： 2018年度，广州市具有公开募捐资格的慈善组织共计开展了215项公开募捐活动，37.2%的募捐项目筹集到资金，募集资金8511.7万元。关于募集款项的用途，主要集中于扶老、助残、教育、扶贫济困和医疗卫生等几个领域。其中，扶贫济困公开募集款项数额最大。在募捐方式上，线下募捐与线上募捐并举，呈现两种方式共同发展的趋势，但网络募捐资金占比偏低。整体而言，虽然公开募捐项目数量增长较快，募捐活动密度也相应增强，但募款实效还有很大的提升空间。

关键词： 公开募捐　慈善组织　广州市

一　公开募捐的基本概念与主要形式

近年来，随着我国慈善事业的不断推进，公开募捐的范围越来越广，公开募捐的概念也被越来越多的人所熟知。现今，公开募捐逐渐成为慈善组织开展慈善募捐活动的重要方式之一。根据中国慈善联合会发布的《2018年度中国慈善捐助报告》，2018年度中国内地接收国内外款物捐赠共计1439.15亿元，货币捐赠创新高，公开募捐已成为募集善款的主要方式之一。同时，公开募捐也让更多普通大众可以参与到慈善活动中，不仅调动民

* 陆小慧，广州公益慈善书院研究专员。

间的公益参与度，满足了普通百姓参与公益活动的愿望，同时又丰富了慈善组织资金来源渠道。

（一）公开募捐的定义

按照《中华人民共和国慈善法》（以下简称《慈善法》）的规定，慈善募捐是指慈善组织基于慈善宗旨募集财产的活动。其中，慈善募捐包括面向社会公众的公开募捐和面向特定对象的定向募捐。本报告中所指的公开募捐即这里所指的面向社会公众的公开募捐，慈善组织向其登记的民政部门申请并获得公开募捐资格后才可以开展公开募捐，获得向不特定公众公开募集款物的资格，而不具有公开募捐资格的组织或者个人基于慈善目的，可以与具有开展募捐资格的慈善组织合作，由该慈善组织开展公开募捐并管理募得款物。

依照《慈善法》对慈善募捐的定义以及慈善募捐方式的界定，可知公开募捐主要由以下四个要件进行界定：其一，慈善组织；其二，基于慈善宗旨；其三，募集财产的活动；其四，面向社会公众。此四个要件分别从主体、目的、行为、对象四个方面对公开募捐进行了法律意义上的界定。无论缺少哪一个条件，均不能被定义为《慈善法》中所确定的具有公开募捐资格的组织。[①] 图 1 展示了开展公开募捐所需满足的四个条件，以便更好地理解慈善组织的公开募捐资格界定。

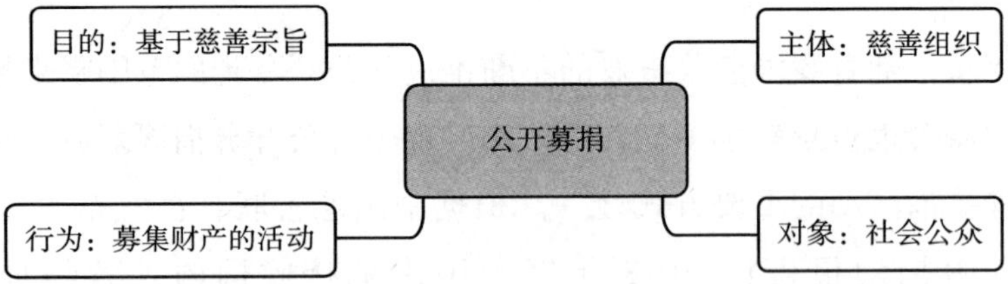

图 1　开展公开募捐需满足的四大要素

① 贾西津：《资格还是行为：慈善法的公募规制探讨》，《江淮论坛》2017 年第 6 期，第 95 ~ 102 页。

对于公募资格的取得，根据2016年8月31日民政部出台的《慈善组织公开募捐管理办法》，对于一般性社会组织，在依法登记或者认定为慈善组织满二年且满足相应条件的情况下，可申请公开募捐资格；对于《慈善法》公布前设立的非公募基金会、具有公益性捐赠税前扣除资格的社会团体，登记满二年，经认定为慈善组织的，可以申请公开募捐资格；对于《慈善法》公布前登记设立的公募基金会，凭其标明慈善组织属性的登记证书向登记的民政部门申领公开募捐资格证书。

（二）公开募捐的主要方式

《慈善法》第二十三条规定，慈善组织开展公开募捐时，可以采取以下几种方式：在公共场所设置募捐箱；举办面向社会公众的义演、义赛、义卖、义展、义拍、慈善晚会等；通过广播、电视、报刊、互联网等媒体发布募捐信息；其他公开募捐方式。同时，慈善组织采取前两种线下募捐方式时，应当在其登记的民政部门管辖区域内进行，确有必要在其登记的民政部门管辖区域外进行的，应当报其开展募捐活动所在地的县级以上人民政府民政部门备案，但捐赠人的捐赠行为不受地域限制。另外，随着互联网募捐的兴起，《慈善法》中也规定了慈善组织通过互联网开展公开募捐，但应当在国务院民政部门统一或者指定的慈善信息平台发布募捐信息，并可以同时在其网站发布募捐信息。

一项公开募捐活动可以根据募捐需要，只采取一种募捐方式，也可以同时采取多种募捐方式组合进行善款筹集。开展互联网募捐的慈善项目，必须在民政部已遴选指定的20家互联网平台上发布募捐信息，未经认定的互联网募捐平台不具有发布公开募捐信息的资格。

（三）公开募捐的组织模式

开展一项慈善公开募捐活动通常需要募捐活动的发起方、筹资对象（公众）和筹资渠道（线下或线上）。其中发起方，即资金筹集方，一般为具有公开募捐资格的慈善组织，发起方开展公开募捐活动，应当依法制定募捐方案，募捐方案包括募捐目的、起止时间和地域、活动负责人姓名和办公地址、接受捐赠方式、银行账户、受益人、募得款物用途、募捐成本、剩余财产的处理等。公开募捐的对象为非特定的公众，即资金的来源方。募捐渠道主要可分为线下现场募捐和线上网络募捐两类。

具体而言，如果慈善组织在公开募捐时采取在公共场所设置募捐箱，举办面向社会公众的义演、义赛、义卖、义展、义拍、慈善晚会等线下募捐方式，对于此类募捐，要求在募捐活动现场或者募捐活动载体的显著位置，公布本组织名称、公开募捐资格证书、募捐方案、联系方式、募捐信息查询方法等。发起方和捐赠方同处于一个募捐场所。

如果慈善组织开展网络募捐，要求发起方在民政部统一或者指定的慈善信息平台发布公开募捐信息，并可以同时在以本慈善组织名义开通的门户网站、官方微博、官方微信、移动客户端等网络平台发布公开募捐信息。互联网募捐具有传播快、受众面广、影响大、成本低、效率高等天然优势，因而在互联网和智能手机普及的当下，越来越多的慈善组织通过互联网发起募捐，越来越多的人也通过互联网进行捐赠。对于公众而言，互联网募捐形式的出现不仅丰富了公众参与募捐活动的方式，同时又极大便捷了公众参与慈善捐赠的途径，实现了公众在足不出户的情况下便可参与慈善公益的愿望。

（四）公开募捐的发展历程

公开募捐在中国的发展大概经历了以下几个阶段。①

第一阶段是改革开放初期，当时民间慈善事业发展还较为滞后，遇上灾害或是意外事故等，主要依靠政府救济，这一时期的公开募捐也由政府主导，募捐的主体是单一国家机构及其附属单位，募捐是民政部门日常工作之一。

1987 年 4 月 7 日，民政部颁布了《关于开展社会福利有奖募捐活动的通知》，开创了向社会广泛募捐的新型模式，也标志着中国募捐体制进入第二阶段。此时，募捐承载机构社会化初现。

① 王勤瑶、江俊伟：《慈善募捐事业：发展历程、问题与对策》，《中共山西省委党校学报》2013 年第 5 期，第 1 页。

1993年10月31日，全国人民代表大会常务委员会颁布了《中华人民共和国红十字会法》，首次以法律的形式明确了红十字会的职能，从法律层面规定了一项长期有效的募捐方式。次年，民政部颁布《社会福利性募捐义演管理暂行办法》，以部门规章的形式对慈善募捐义演进行了确认、规范和监管，并使之成为新时期募捐体制创新的重要构成部分。这不仅为社会救助活动提供可靠的募捐规范，也进一步提高了慈善募捐的社会化程度。这一时期募捐体制呈现勃勃生机，也意味着公开募捐发展进入第三阶段。

2008年4月28日出台了《救灾捐赠管理办法》，标志着公开募捐体制变革进入第四阶段。其中，明确提出县级以上人民政府民政部门认定的具有救灾宗旨的公益性民间组织是募捐主体之一。该办法的出台进一步拓宽了公开募捐主体范围。

中国互联网技术的快速发展为互联网公益时代的到来提供了必要的技术支撑。中国公开募捐发展至第五阶段。这一阶段的公募体制变革主要体现在募捐渠道的变化上。同时，这一阶段的开始时间也无明确的标志，直至《慈善法》的出台。在这一阶段，广州作为公募资格改革的先行先试地区，于2012年颁布实施《广州市募捐条例》，在全国率先放开公募权。按照这一条例，公益性的社会团体、民办非企业单位、非营利事业单位均可申请募捐许可，并在许可期限内开展公开募捐活动。

2016年9月1日《慈善法》的正式施行，标志着公开募捐体制发展进入新阶段。该法规定了慈善组织开展公开募捐，应当取得公开募捐资格，并规定满足相关规定的任何慈善组织均可申请公开募捐资格。至此公开募捐资格不再限定于部分特定机构，公开募捐主体范围进一步拓宽，有力推动了中国现代公益慈善事业的发展。

二　广州市慈善组织公开募捐基本情况

（一）广州市具有公开募捐资格的慈善组织

截至2018年12月31日，全国共有5572家慈善组织，其中具有公开募捐资格的慈善组织有1540家，占比为27.6%。在广东省范围内共计有744家慈善组织，其中108家具有公开募捐资格，占比为14.5%。[①] 广州市范围内共有107家慈善组织（含两家红十字会），10家具有公开募捐资格，占比为9.3%（见表1）。

表1 慈善组织和具有公开募捐资格组织

单位：家，%

地区	慈善组织数量	拥有公开募捐资格组织数量	公募慈善组织比例
全国	5572	1540	27.6
广东省	744	108	14.5
广州市	107	10	9.3
市级	81	3	3.7
海珠区	1	0	0
荔湾区	1	0	0
天河区	3	1	33.3
白云区	1	0	0
黄埔区	5	1	20
南沙区	4	0	0
花都区	1	1	100
番禺区	6	1	16.7
从化区	1	1	100
增城区	3	2	66.7

资料来源：慈善中国网站，http：//cishan. chinanpo. gov. cn。

根据《慈善法》规定，发起公开募捐者，须先获取公开募捐资格。截至2018年12月31日，广州市已获得公开募捐资格的慈善组织有10家，其中包含7家慈善会、2家红十字会和1家其他社会团体，具体名单见表2。除红十字会外，其余具有公开募捐资格的组织中，广州市慈善会是最早获得公开募捐资格的组织，获得时间为2016年9月6日，其余5家于2017年度获得，2家于2018年度获得。

① 参见《慈善组织查询》，慈善中国网站，http：//cishan. chinanpo. gov. cn/biz/ma/csmh/a/csmhaindex. html。

表 2　广州市慈善组织中具有公开募捐资格的组织名单

序号	组织名称	成立时间	获得公募资格时间
1	广州市红十字会	1981 年 2 月 9 日	—
2	广州市增城区红十字会办公室	1986 年 5 月 8 日	—
3	广州市慈善会	1993 年 7 月 15 日	2016 年 9 月 6 日
4	广州市天河区慈善会	1995 年 3 月 26 日	2018 年 3 月 5 日
5	广州市番禺区慈善会	2001 年 5 月 12 日	2018 年 8 月 2 日
6	广州市从化区慈善会	2004 年 11 月 30 日	2017 年 11 月 7 日
7	广州市黄埔区慈善会	2005 年 12 月 21 日	2017 年 7 月 5 日
8	广州市增城区慈善会	2007 年 8 月 01 日	2017 年 6 月 13 日
9	广州市花都区慈善会	2008 年 9 月 27 日	2017 年 6 月 16 日
10	广州市乐善助学促进会	2011 年 3 月 14 日	2017 年 12 月 22 日

资料来源：慈善中国网站，http：//cishan. chinanpo. gov. cn。

（二）公开募捐项目的基本情况

1. 公开募捐项目数量①

2018 年度，具有公开募捐资格的广州市慈善组织共开展了 215 个公开募捐项目。其中，广州市慈善会开展了 79 个，占比为 36.7%，是开展公开募捐项目最多的慈善组织。广州市天河区慈善会开展了 61 个公开募捐活动，数量仅次于广州市慈善会。具有公开募捐资格的“广州市红十字会”和“广州市增城区红十字会办公室”未开展任何公开募捐活动（见表 3）。

表 3　2018 年度完结的公开募捐项目

单位：个，%

组织名称	公开募捐数量	数量占比
广州市慈善会	79	36. 7
广州市天河区慈善会	61	28. 4
广州市增城区慈善会	41	19. 1

① 本报告所涉及的公开募捐项目包含所有募捐截止时间为 2018 年且在慈善中国中备案的项目。

续表

组织名称	公开募捐数量(个)	数量占比(%)
广州市从化区慈善会	12	5.6
广州市花都区慈善会	9	4.2
广州市黄埔区慈善会	6	2.8
广州市乐善助学促进会	6	2.8
广州市番禺区慈善会	1	0.5
合计	215	100.0

资料来源：慈善中国网站，http：//cishan. chinanpo. gov. cn。

2. 公开募捐项目类型和惠及对象

2018 年度开展的 215 项公开募捐活动中，扶老类募捐项目数量最多，共计 52 个，占所有公开募捐项目的 24.2%。接着是扶贫济困类募捐项目，共计 46 个，占比为 21.4%。教育类项目有 41 个，占比为 19.1%。其中，教育类募捐项目以提供学生奖学金和助学金为主。助残类项目占比为 11.6%，共计 25 个；医疗卫生类项目占比为 7%，共计 15 个；社区发展类项目占比为 5.1%，共计 11 个；文化类项目占比为 1.9%，共有 4 个。此外，还有 13 个募捐项目无特定的服务领域，例如 99 公益羊城慈善募捐活动、广府庙会公益基金、文化节和音乐会等公开募捐活动，资金用于多领域的公益服务。其余还有 8 个公开募捐项目资金用于救灾、心理健康、公共基础设施建设等其他领域（见图 2）。

进一步对公开募捐项目服务的人群进行分析，在 215 个项目中，服务于老年人的募捐项目最多，共计 52 个，占比为 24.2%。服务于儿童或青少年群体的募捐项目有 50 个，占比为 23.3%；服务于残疾人的项目有 24 个，占比为 11.2%；服务于妇女的项目有 3 个，占比为 1.4%；服务于疾病患者的项目有 10 个，占比为 4.7%；服务于困难家庭或个体的项目有 24 个，占比为 11.2%；服务于某类特殊群体（如戒毒者等）的项目有 16 个，占比为 7.4%；服务于贫困地区人口的项目有 10 个，占比为 4.7%；最后还有 26 个项目无特定对象，占比为 12.1%（见图 3）。

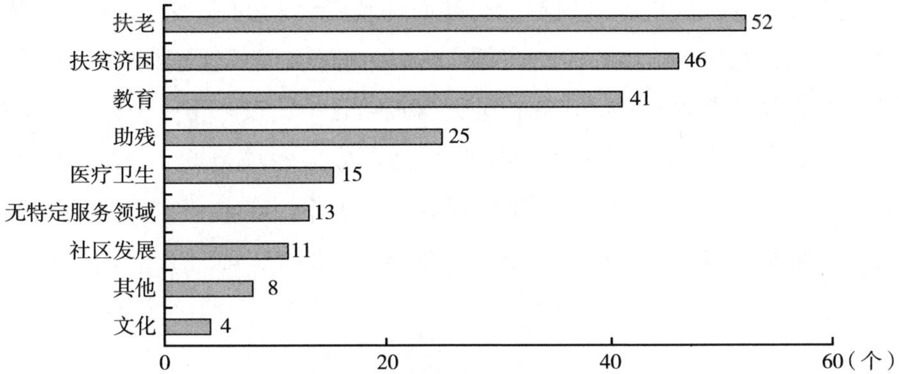

图 2　在各类领域开展的公开募捐项目数量

资料来源：慈善中国网站，http：//cishan. chinanpo. gov. cn。

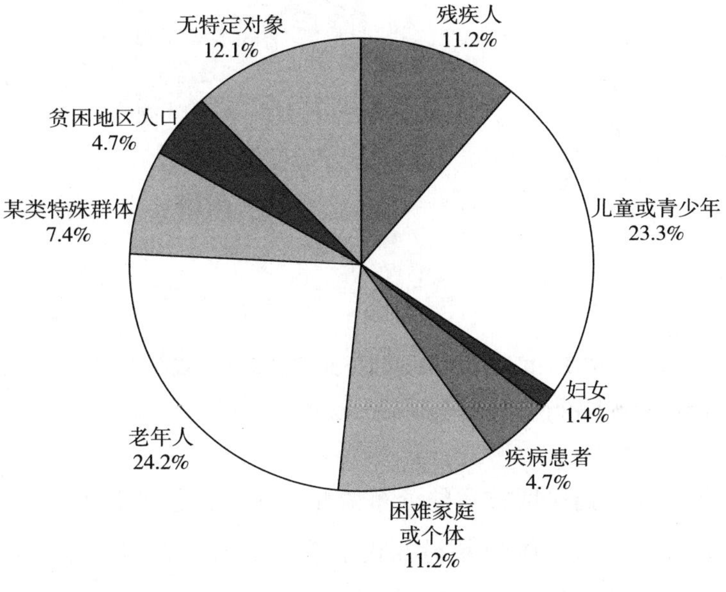

图 3　在各类服务人群开展的公开募捐项目数量分布

资料来源：慈善中国网站，http：//cishan. chinanpo. gov. cn。

3. 公开募捐项目募捐方式

开展公开募捐的方式主要包括线上募捐和线下募捐两种方式，具体又可以划分为在公共场所设置募捐箱，举办面向社会公众的义演、义赛、义卖、义展、义拍、慈善晚会等，通过广播、电视、报刊、互联网等媒体发布募捐信息和其他公开募捐方式。广州市公开募捐项目中，仅采用一种方式的募捐项目占5.6%，有12个；采用两种方式组合募捐的项目有11个，占比为5.1%；采用三种方式组合募捐的项目有69个，占比为32.1%；其余57.2%的募捐项目均采取四种方式组合募捐（见图4）。

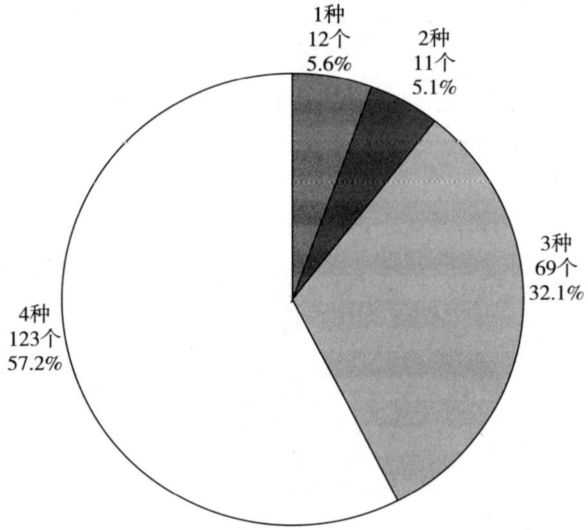

图4　广州市慈善组织公开募捐采取方式分布

资料来源：慈善中国网站，http：//cishan. chinanpo. gov. cn。

由以上公开募捐采取方式的分布情况可知，大部分募捐项目采取了多样化的募捐方式。从具体的募捐方式来看，广州市2018年度的215个公开募捐项目中，203个通过广播、电视、报刊、互联网等媒体发布募捐信息，占全部募捐项目的94.4%；200个采取举办面向社会公众的义演、义赛、义卖、义展、义拍、慈善晚会等形式进行线下募捐，意味着93%的募捐项目均通过该途径进行募款。另外，分别有186个和144个项目通过在公共场所设置募捐箱方式和其他公开募捐方式进行募捐（见图5）。

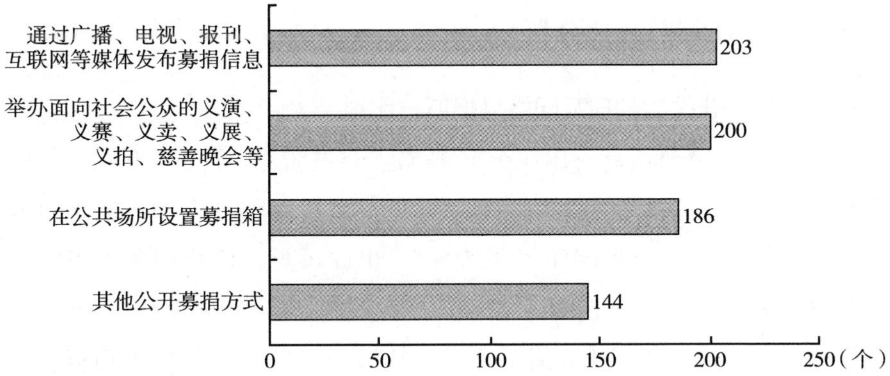

图5　公开募捐采取的方式

资料来源：慈善中国网站，http：//cishan. chinanpo. gov. cn。

4. 网络募捐平台分析

据统计，广益联募是广州市互联网募捐项目使用最多的平台。开展互联网募捐的项目中，有191个项目在广益联募平台上进行公开募捐。在慈善组织自己拥有的官方网络平台上发布募捐信息的项目有133个。另外，分别有15个和8个项目在腾讯公益和联动网上发布募捐信息。有8个项目在淘宝公益、新浪公益以及轻松筹等募捐平台发布募捐信息（见图6）。

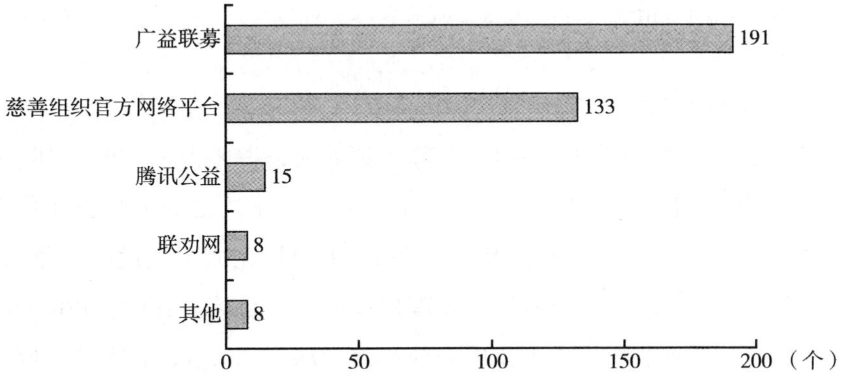

图6　广州市慈善组织公开募捐信息发布平台统计

资料来源：慈善中国网站，http：//cishan. chinanpo. gov. cn。

（三）公开募捐成效分析

1. 公开募捐获得的款项及网络募捐所占比重

2018 年度，广州市慈善组织公开募捐项目共筹集 8511.7 万元，其中网络募捐所筹款项为 223.9 万元，占比为 2.6%，其余 8287.7 万元均通过线下募捐方式获得，占比为 97.4%（见表 4）。由此可见，广州市慈善组织公开募捐款项主要来源于线下捐赠。

统计发现，215 个公开募捐项目中，超过一半项目没有募集到资金。另外，在 2018 年度，广州市花都区慈善会开展的“广东脱贫攻坚献爱心”募捐活动，通过慈善推介项目征集活动等形式获得 7400 万元募捐款项，为该年度中最大数额的募捐项目，金额占所有募捐项目金额的 86.9%。2018 年度，由广州市慈善会发起的“长者饭堂·爱心餐”项目，主要通过线上募款的形式，获得最大笔的网络募捐款项，共计 42.7 万元，占全部网络募捐款项的 19.1%。

表 4　公开募捐项目募集资金数额

类型	总额(元)	平均值(元)	最小值(元)	最大值(元)
募捐的总收入	85116801.8	395892.1	0	74000000
网络募捐的金额	2239397.2	10415.8	0	427271

资料来源：慈善中国网站，http://cishan.chinanpo.gov.cn。

2. 公开募捐完成率分析

215 个公开募捐活动中，有 80 个募集到款项，占比为 37.2%，其余 135 个募捐活动均未筹集到款项，占比为 62.8%。另外，在 215 个公开募捐项目中，188 个设定了筹款目标。其中，有 19 个项目完成了预设的筹款目标，占比为 10.1%。其余 169 个项目未实现预设的筹款目标。其中，126 个项目募集款项为零，32 个项目募集款项完成率在 50% 以下，11 个项目完成率为 50%～100%（含 50%，不含 100%）。总体而言，广州市慈善组织公开募集项目筹款目标达成率仍旧偏低（见图 7）。

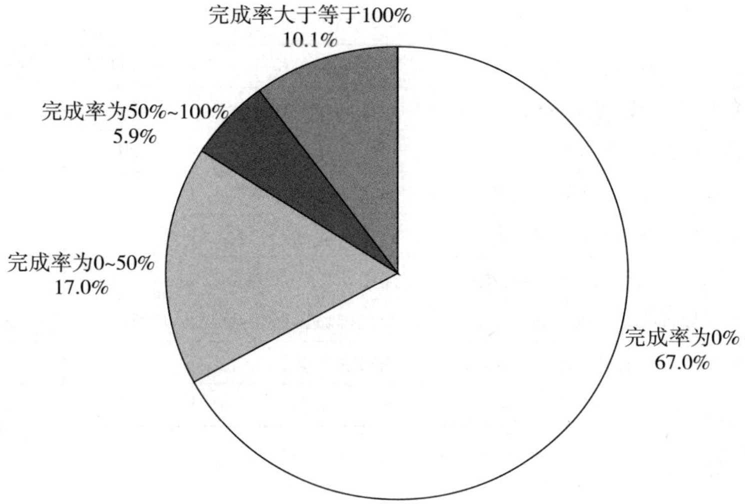

图7　广州市公开募捐项目筹款目标完成率

资料来源：慈善中国网站，http：//cishan. chinanpo. gov. cn。

实现筹款目标的19项公开募捐项目中，有2项最终募捐金额等于筹款目标，筹款完成率为100%，其余17项均超额完成筹款目标（见表5）。

表5　广州市公开募捐项目完成情况

单位：万元，%

序号	募捐项目名称	募捐单位	筹款目标	筹款目标完成率
1	永宁街困难群众救助	广州市增城区慈善会	10	100. 0
2	中新镇福和敬老院升级改造	广州市增城区慈善会	80	100. 0
3	慈阳会光明之行	广州市慈善会	30	100. 5
4	米公益基金农村事实孤儿助学	广州市慈善会	20. 5975	100. 7
5	益群计划　公益人社群平台	广州市慈善会	20	100. 8
6	爱共融:心智障碍融合活动	广州市慈善会	5	102. 1
7	从化区慈善医疗救助社会工作救急支持项目	广州市从化区慈善会	15	103. 3
8	沙河街弱势长者送餐项目	广州市天河区慈善会	3	104. 9
9	派潭镇困难群众应急救助	广州市增城区慈善会	40	107. 0
10	“留住记忆”文化保护计划	广州市慈善会	1. 82	109. 3
11	“爱·广马”慈善基金	广州市慈善会	10	112. 3

续表

序号	募捐项目名称	募捐单位	筹款目标	筹款目标完成率
12	鳌头镇日间养老服务中心改造工程	广州市从化区慈善会	15	123.5
13	移动爱心献血屋建设	广州市从化区慈善会	20	125.0
14	粤剧进校园　扶困助幼育新苗	广州市从化区慈善会	13	163.4
15	文化公园慈善长廊建设项目	广州市从化区慈善会	50	169.3
16	“党义仓” – 组建社区流动党组织	广州市从化区慈善会	6	182.8
17	增江街居家养老综合服务平台	广州市增城区慈善会	30	184.8
18	快乐公益　爱满小家(一期)	广州市慈善会	5	289.1
19	快乐公益　爱满小家(二期)	广州市慈善会	5	289.1

资料来源：慈善中国网站，http：//cishan. chinanpo. gov. cn。

3. 公开募捐款项服务领域分析

广州市慈善组织2018年度公开募捐共筹集到8511.7万元，其中7571.3万元流向扶贫济困领域，占比为89%；流向扶老领域的金额共计414.1万元，占比为4.9%，居第二位；流向教育领域的金额共计135.4万元，占比为1.6%，居第三位。另外，流向医疗卫生领域的金额为118.8万元，占比为1.4%；流向社区发展领域的金额为92.1万元，占比为1.1%；流向无具体领域的金额为56.6万元，占比为0.7%；流向文化领域的金额为24.9万元，占比为0.3%；流向助残领域的金额为6.5万元，占比为0.1%。

三　广州市公开募捐发展特征和趋势

为贯彻落实《中华人民共和国慈善法》关于“信息公开”的要求，规范慈善管理流程，民政部开发了全国慈善信息公开平台，并于2017年9月1日对外提供信息发布服务。该平台上线以来，需要开展公开募捐的慈善组织都需在“慈善中国”网站上进行备案。

对比2017年广州市公开募捐情况，发现以下几个发展趋势。首先，从开展的公开募捐项目数量来看，据统计，2017年9月以来，广州市共开展了13项公开募捐项目，平均每月开展的项目数量为3个左右。而2018年度共计开展了215个公开募捐项目，平均每月开展的项目数量为18个左右，数量上有明显的增加。其次，从项目平均募款金额来看，2017年的平均募款金额为1.1万元，2018年升至39.6万元，平均募款金额显著提高。最后，从开展公开募捐主体来看，2017年募捐主体仅有“广州市慈善会”，而2018年除“广州市慈善会”外，其余7家具有公募资格的慈善组织也参与开展了公开募捐活动，且开展主体除慈善会系统外，还出现了“广州市乐善助学促进会”这一社团组织，募捐主体多元性逐渐增强。

与此同时，必须注意的是，从募捐资格来看，广州市慈善组织中，拥有公开募捐资格的组织数量仅为10家，占慈善组织总数的9.3%，低于省级层面的14.5%，也低于全国层面的27.6%。另外，由公开募捐项目募集时长来看，广州市慈善组织公开募捐项目的募集期较长。其中，募集期在半年至一年的项目占多数，2018年度共计有139个项目的募集期在半年以上一年以下，其中有10个项目的募集期超过一年，即开始时间为2017年度。从筹集效果来看，募集时间在半年以上的项目，66.2%比例的募捐活动募集金额为零，而募集时间为半年以下的项目，这一比例为56.6%，低于前者。可见，募集时间长短与筹款实际效果无正向关系。

从募捐主体来看，广州市拥有公开募捐资格的组织共有10家，但2018年度开展过公开募捐的组织为8家，其余两家红十字会虽拥有公募资格，但并未开展募捐活动。此外，不同组织间开展项目的数量差异明显，84.2%的公开募捐项目均由其中的三家慈善会开展，其余5家组织仅开展了少量的募捐项目。

四　总结和思考

长久以来，公开募捐资格仅集中于红十字会、公募基金会及慈善会等具有官方背景的机构中，《慈善法》实施后，公募资格主体范围得以扩大，也在一定程度上打破了长期以来由以上三类组织形成的“公募垄断”格局。

从长远来看，有助于推动构建一个更加公平、开放的慈善募捐市场。[①] 但是，从广州市慈善组织中已获得公开募捐资格的组织名单来看，主要为红十字会和市、区两级慈善会，仅一家民间性的社会组织，在数量整体较少的同时，结构也不均衡，这一点应引起特别关注。

在2018年度，广州市拥有公开募捐资格的慈善组织虽然开展了215个公开募捐项目，但有135个募捐项目未筹集到款项，占比达62.8%。此外，在设立了明确筹款目标的188个公募项目中，也只有19个项目完成了预设的筹款目标，占10.1%。综合来看，广州市慈善组织公开募集项目筹款目标达成率偏低，并且来自网络募捐资金占比同样偏低。上述数据表明，无论是对于具有公募资格的慈善组织，还是互联网募捐信息平台来说，都有着很大的提升和改进空间。

广州作为中国最早实行公募权开放的地区，在《慈善法》实施后继续发挥自身优势，推动公开募捐机制和模式创新，激发社会组织活力，需要继续在实践中予以探索和推动。

① 胡小军：《公开募捐制度改革及其影响研究——基于广州的实证分析》，《中国非营利评论》2017年第2期，第12页。

B.5

网络募捐的发展特点与趋势

——基于广益联募平台的数据分析报告

刘艺非*

摘　要： 网络募捐已成为当今社会慈善资源募集的一种新常态。为了从微观的角度理解当前慈善组织和各类慈善项目通过网络募捐平台进行资源募集的状况、成效和存在的问题，本报告以广益联募平台作为案例，利用平台发布的2018年运营报告以及平台在官方网站上发布的公开项目数据，通过描述性统计分析方法，从执行项目数、项目目标金额及募款周期、项目筹款效果、项目支持人次、项目服务领域及执行机构类型等角度，详细地展现广益联募平台募捐项目和执行机构的状况，并借此探索当前网络募捐的主要特征和趋势：多平台发布项目将逐渐实现披露信息的互通；各个平台将着力提升用户捐赠和使用体验，并建立各具特色的服务定位；募捐常态化趋势将越来越明显，“狂欢式”募捐将逐渐弱化。

关键词： 网络募捐　广益联募　互联网公益

一　网络募捐的发展背景

网络募捐是指慈善组织通过互联网募集慈善资源的行为，是近年随着互

* 刘艺非，广州时代数据服务有限公司数据工程师。

联网技术发展以及移动支付工具快速普及而兴起的一种募捐形式。与传统的线下募捐相比，网络募捐提升了募捐活动的时空可达性。对募捐方而言，网络募捐降低了部分线下募捐人员及活动成本，同时借助互联网传播优势，将慈善项目以及受助群体的信息辐射到大量潜在捐赠者当中；对捐赠方而言，网络募捐削弱了捐赠过程中诸如项目信息搜集、现场到达等客观障碍，增加了获取慈善信息的途径，充分提升了捐赠的自主性和便捷性，“指尖公益”成为一种时尚。网络募捐的兴起对中国社会从“富人慈善”向“全民慈善”的转型发挥着加速器的作用。

2016 年 9 月 1 日正式实施的《中华人民共和国慈善法》（以下简称《慈善法》）对网络募捐行为和网络募捐平台进行了相应规定，指明慈善组织通过互联网开展募捐的，应当在民政部门统一或者指定的慈善信息平台发布募捐信息；广播、电视、报刊以及网络服务提供者、电信运营商，应当对利用其平台开展公开募捐的慈善组织的登记证书、公开募捐资格证书进行验证。其后，民政部于 2016 年 9 月公布第一批 13 家公开募捐信息平台，于 2018 年 6 月公布第二批 9 家互联网公开募捐信息平台。截至 2018 年底，除中国慈善信息平台、基金会中心网申请退出外，民政部指定的平台共有 20 家（见表 1）。可以看到，在目前 20 个网络募捐信息平台中，15 个由企业运营，另外 5 个平台的运营主体是社会组织。

表 1　民政部指定的公开募捐信息发布平台

序号	平台名称	运营主体	主体类型
1	腾讯公益	腾讯公益慈善基金会	基金会
2	淘宝公益	浙江淘宝网络有限公司	企业
3	蚂蚁金服公益	浙江蚂蚁小微金融服务集团有限公司	企业
4	新浪微公益	北京微梦创科网络技术有限公司	企业
5	京东公益	网银在线（北京）科技有限公司	企业
6	百度公益	百度在线网络技术（北京）有限公司	企业
7	公益宝	北京厚普聚益科技有限公司	企业
8	新华公益	新华网股份有限公司	企业
9	轻松公益	北京轻松筹网络科技有限公司	企业

续表

序号	平台名称	运营主体	主体类型
10	联劝网	上海联劝公益基金会	基金会
11	广益联募	广州市广益联合募捐发展中心	社会服务机构
12	美团公益	北京三快云计算有限公司	企业
13	滴滴公益	北京小桔科技有限公司	企业
14	善源公益	北京善源公益基金会	基金会
15	融 e 购公益	中国工商银行股份有限公司	企业
16	水滴公益	北京水滴互保科技有限公司	企业
17	苏宁公益	江苏苏宁易购电子商务有限公司	企业
18	帮帮公益	中华思源工程扶贫基金会	基金会
19	易宝公益	易宝支付有限公司	企业
20	中国社会扶贫网	社会扶贫网科技有限公司	企业

资料来源：《民政部关于发布慈善组织互联网公开募捐信息平台名录的公告》，中华人民共和国民政部网站，2018 年 6 月 1 日，http://www.mca.gov.cn/article/xw/tzgg/201806/20180600009425.shtml。

此外，民政部、工业和信息化部、国家新闻出版广电总局、国家互联网信息办公室联合制定了《公开募捐平台服务管理办法》（以下简称《办法》），重点围绕管理范围、平台行为规范以及各部门的监管职责等方面进行了规定。除了方向性的规定外，2017 年 8 月，民政部发布了《慈善组织互联网公开募捐信息平台基本技术规范》和《慈善组织互联网公开募捐信息平台基本管理规范》两个推荐性行业标准，使得各个网络募捐平台在运营过程中能获得更具有操作性的规范。

自《慈善法》颁布实施以来，网络募捐整体上呈现良好发展态势。民政部 2018 年对 20 家网络募捐平台的考核情况显示，20 家平台共为全国 1400 余家公募慈善组织发布募捐信息 2.1 万条，网民点击、关注和参与超过 84.6 亿人次，募集善款总额超过 31.7 亿元，比 2017 年增长 26.8%。慈善组织通过腾讯公益募款 17.25 亿元、蚂蚁金服募款 6.7 亿元、阿里巴巴公益募款 4.4 亿元，通过新浪微公益、京东公益、公益宝、新华公益、轻松公益、联劝网、广益联募、美团公益、水滴公益等平台，募款金额均达千万元级。[①] 各类宏观数据均表明，在不断完善的政策法规和民众日益积极、成熟的慈善意识助力下，网络募捐成为当今社会慈善资源募集的一种新常态。

然而，我们希望从更加微观的角度，理解当前慈善组织和各类慈善项目通过网络募捐平台进行资源募集的状况、成效和存在的问题。本报告将重点以广益联募平台作为案例，利用广益平台发布的2018年运营报告以及平台在官方网站上发布的公开项目数据，从更微观的层面，对慈善组织和项目的募款状况进行较为详细的描绘。

二　广益联募平台发展历史

广益联募平台（简称广益平台）是民政部指定的首批全国慈善组织互联网公开募捐信息平台之一，是目前20个网络募捐平台中唯一一家由社会服务机构运营的平台，其前身为广州市慈善会的慈善信息平台，现由广州市广益联合募捐发展中心负责运营。

平台以“做慈善事业的支持者”为宗旨，以“联结力量、增进公益”为使命，坚持“开放、透明、多元、融合”的理念，着力打造成为影响全国的“集善地”和全民慈善的便易平台。广益平台规划由“善捐、善助、善品、善行、善知”五大板块构成，其中“善捐”板块核心功能为慈善项目在线公开募捐；“善助”板块核心功能为个案求助；“善品”板块核心功能为慈善义卖；“善行”板块核心功能为慈善活动在线支持；“善知”板块核心功能为慈善行业能力支持。截至2018年底，平台的善捐、善助、善行板块已完成开发，正式上线，善品板块已开发完成。广益平台主要依托广州市慈善会为广州当地的近百家包括社工机构在内的中小社会组织进行募款，

① 王勇：《民政部公布互联网公募平台2018年度考核情况　2018年互联网公募平台筹集善款31.7亿元》，公益时报网站，2019年4月9日，http://www.gongyishibao.com/html/yaowen/16346.html。

为广州市区各类公益慈善组织提供品牌传播、政策法律解析和募捐实用技能等相关培训，提升机构依法规范募捐意识和筹募能力，被认为是关注基层，赋能慈善组织的良好案例。① 广益联募平台大事记见表2。

表2 广益联募平台大事记

时间	事件
2014年6月24日	广州市慈善会慈善信息平台正式上线
2014年12月1日	平台微信公众号正式上线
2015年2月5日	平台个人冠名基金设立功能正式对大众开放
2015年8月25日	平台前端展示系统完成了一次升级改造
2016年3月1日	平台第三方接口开发完成,与第三方App、公众号有了自动化数据接口
2016年6月24日	平台月捐计划功能正式上线,创新捐赠方式
2016年8月31日	广州市慈善会慈善信息平台作为全国唯一慈善会信息平台,也是全国唯一地级市慈善信息平台入围全国互联网公开募捐平台
2016年9月13日	平台公益活动模块正式上线,有力保障了2016年广马"慈善方阵"和"阅动羊城"等大型公益慈善活动的顺利举行
2016年12月1日	根据民政部关于慈善组织互联网公开募捐信息平台相关管理规范、技术规范,广州市慈善会慈善信息平台第一次升级版——广益联募正式改版上线
2017年7月1日	按照民政部关于慈善组织互联网公开募捐信息平台相关管理规范、技术规范,平台进行第二次升级改造
2017年9月1日	成立广州市广益联合募捐发展中心,负责广益联募运营
2017年10月31日	民政部社会组织管理局正式批复广州市慈善会慈善信息平台更名为广益联募

资料来源：广益联募平台官方网站，https：//www.gyufc.org。

根据广益平台2018年的运营报告，截至2018年12月31日，广益平台入驻组织514家。其中2018年增加入驻组织111家，含公募机构16家，广州市外机构16家，省级以下公益慈善组织占82%。平台发布

① 王勇：《民政部公布互联网公募平台2018年度考核情况　2018年互联网公募平台筹集善款31.7亿元》，公益时报网站，2019年4月9日，http：//www.gongyishibao.com/html/yaowen/16346.html。

慈善项目512个，累计发布849个。2018年，平台共发布慈善项目188个，92个慈善项目已做信息公开，占比为48.94%。其中，扶贫济困类慈善项目109个，占比为57.98%。平台累计筹款3.97亿元，2018年筹款为5278万元，扶贫济困项目筹款额占2018年度平台筹款额的82.08%。①

三　广益平台募捐项目现状数据分析

为了更细致地探究网络募捐项目的情况，本部分采集了广益平台官网上"善捐"板块的项目信息，包括项目执行方、目标金额、已筹比例、已筹金额、支持人次等，通过描述性统计分析，从项目和机构维度，更全面地展现广益联募平台上的募捐项目和机构的概况，并从中探索当前网络募捐的一些主要特征。②

（一）执行机构与执行项目数

截至2019年5月22日，广益平台善捐板块上共发布了404个募款项目（包括进行中的和已结束的），由169个不同的机构执行（包括公募机构和非公募机构），其中执行项目数较多的有广州市慈善会（39个）、广州市天河区慈善会（22个）、广州市中大社工服务中心（16个）、广州市天河区米公益服务中心（14个）、广州市残疾人服务协会（12个）、广州市北斗星社会工作服务中心（11个）（见表3）。可以看到，目前募捐活动较活跃的为广州市内的慈善会系统以及若干核心的社会服务机构，特别是几家资历较深的本土社工机构。

① 《2018年度广益联募平台运营报告》，广益联募平台官方网站，2019年4月11日，https：//www.gyufc.org/home/news/detail/id/92.html。

② 本报告中所使用的数据采集日期为2019年5月22日。

表3　执行项目数排名前十的机构

单位：个

序号	执行机构	执行项目数
1	广州市慈善会	39
2	广州市天河区慈善会	22
3	广州市中大社工服务中心	16
4	广州市天河区米公益服务中心	14
5	广州市残疾人服务协会	12
6	广州市北斗星社会工作服务中心	11
7	广州市穗星社会工作服务中心	9
8	广州市残疾人福利基金会	8
9	广州市海珠区碧心公益服务中心	7
10	广州市天河区启智社会工作服务中心	7

资料来源：广益联募平台官方网站，https：//www. gyufc. org/。

与其他网络募捐平台不同的是，广益平台的辐射范围主要为珠三角地区，特别是广州市本土慈善机构，在169个不同的执行机构中，属于广州市本级或区级机构共有141个，占比为83.43%；广东省级机构有19个，占比为11.24%；另有9个为广东省其他地市或其他省份的机构，占比为5.32%（见表4）。而平台2018年的运营报告显示，在2018年新入驻的111家机构中，广州市内机构有95家，市外机构有16家，省级以下公益

表4　不同机构类型分布

单位：家，%

机构类型	数量	比例
广州市或区级机构	141	83.43
广东省级机构	19	11.24
广东省其他地市或其他省份机构	9	5.32
合计	169	100.00

资料来源：广益联募平台官方网站，https：//www. gyufc. org/。

慈善机构占比 82%。[①] 与其他网络募捐平台特别是汇集全国各地慈善机构和项目的大型平台相比，广益平台扮演着本土慈善资源枢纽的角色，显得更加“小而美”。

（二）项目目标金额及募款周期

在广益平台发起项目的筹款目标上，最小目标金额为 1036 元，最大目标金额为 7000 万元，平均目标金额约为 79.22 万元，中位值为 11.51 万元。在平台上发起的项目整体筹款目标主要集中在 1 万元～100 万元。在这些项目中，既有目标金额不足万元的特定困难群体互助组项目，也有千万元级别的市级扶贫攻坚类项目（见表 5）。

表 5　目标金额最低和最高的项目

单元：元

项目名称	执行机构	目标金额
快乐妈妈情绪支援计划	广州市中大社工服务中心	1036
东莞 2018 年 630 系列活动	东莞市慈善会	70000000

资料来源：广益联募平台官方网站，https://www.gyufc.org/。

项目募款周期主要集中在 1 年以内，其中周期为 3 个月左右的项目最多，接着为 1 年或半年的项目。项目平均募款周期为 198 天，中位值为 177 天。一些项目为长期募捐项目，没有明确的结束时间。

（三）项目筹款效果

衡量项目筹款效果的一个重要指标是项目的筹款完成比例，即筹款周期结束后项目实际筹到金额占项目目标金额的比例，该比例越高，说明该机构或项目在平台上筹款效果越好。本部分以平台上截至 2019 年 5 月 22 日已结

① 《2018 年度广益联募平台运营报告》，广益联募平台官方网站，2019 年 4 月 11 日，https://www.gyufc.org/home/news/detail/id/92.html。

束筹款的项目作为分析对象，并暂不考虑同一个项目除了广益平台还在其他线上或线下渠道进行公开募捐的情况。

在404个发布的项目中，共有299个项目已结束筹款。从筹款完成比例区间来看，完成比例为0~10%的项目占全部已结束项目的63.21%（189个），可见超过六成的项目在筹款结束时，已筹金额尚达不到目标金额的1/10，但也可以看到，有11.37%（34个）的项目超额完成了筹款目标。在完成比例较高的项目中（见表6），大多数以儿童为服务对象。

表6 筹款完成比例较高的十个项目

单位：元，%

序号	项目名称	执行机构	目标金额	完成比例
1	“穿过繁星拥抱你”微愿望圆梦	广州市北斗星社会工作服务中心	10000	200
2	“爱的抱抱”1元召唤陪伴熊活动	广州市慈善会	30000	176.4
3	快乐公益，大爱救心	广州市伟博儿童福利基金会	100000	169.4
4	快乐公益，爱满花市	广州市伟博儿童福利基金会	50000	162.4
5	“小善大爱润无声”	广州市风向标社会工作服务中心	43000	139.5
6	光明之行	广东省慈阳慈善基金会	25000	123.4
7	“留住记忆”文化保护计划	广州市中大社工服务中心	18200	109.3
8	心颐后花园——猎德街长者互助关爱计划	广州市中大社工服务中心	70300	106
9	有爱无碍，阳光助航——沙河街残障青少年社会融合与增能发展	广州市明镜社工服务中心	14220	105.4
10	“春华秋实，助学圆梦”——为贫困山区荷树村的孩子们捐赠助学金	广州市天河区慈善会	50000	104

资料来源：广益联募平台官方网站，https：//www.gyufc.org/。

2017年“99公益日”的筹款项目“小朋友画廊”基于移动端的微信及其支付，刷屏朋友圈，15个小时内有578万人次捐款，捐款总额超过1200

万元，刷新了中国互联网公益纪录。[1] 另外，近年不少由网络募捐引发的热点事件，如2016年的“罗一笑事件”、2018年的“同一天生日”项目风波等，也都与儿童救助有关，尽管上述事件实质上并非在网络募捐平台上发布的正规公募项目，但也从一个侧面反映了儿童救助类项目对民众情感和资源有着极强的动员能力，既是民众爱心的集中体现，但同时也是检验网络募捐制度建设水平的一个试金石。

整体而言，筹款目标金额和完成比例之间呈现负相关关系，目标金额越大的项目，在平台上的筹款效果越低。这也说明目标金额大的慈善项目需要同时在多个平台上发布或结合线上线下多元化的渠道才能提升募捐效果。

以筹款周期为1年内的项目作为对象进行观察，数据显示，并非募捐周期越长，募捐完成的比例就越高，两者显示出微弱的负相关关系。通过对比可以看到，募捐周期为3个月以内的项目整体募款完成度最高，其次为3～6个月的项目，募捐周期长的项目整体不如募捐周期短的项目。随着募捐周期的延长，项目可能会进入募捐的倦怠期，原来投入的运营资源不断消耗，而同时新的项目可能又会出现，需要进行新的资源投入。在有限的周期内集中资源进行募捐活动，比单纯延长募款周期，对提升项目募款效果或许更为有利。

从机构层面来看，筹款能力较高的机构有广州市伟博儿童福利基金会、广东省慈阳慈善基金会、广州市明镜社工服务中心、广州市协和社会工作服务中心、广东省绿芽乡村妇女发展基金会、广州市大家社会工作服务中心、广州市广爱社会工作服务中心及武汉市江岸区爱特特殊儿童教育培训中心等（见表7），这些机构在广益平台上发起项目的筹款总体完成比例均在100%及以上。在总体筹款完成比例前10位的机构中，基金会占4家，社会服务机构占6家。在这6家社会服务机构当中社工类机构占4家。

① 张明敏：《〈2017中国互联网公益发展报告〉发布　互联网公益进入3.0时代》，公益时报网站，2018年10月9日，http://www.gongyishibao.com/html/gongyizixun/14983.html。

表 7　总体筹款完成比例排前 10 位的机构

单位：元，%

序号	执行机构	执行项目目标金额总和	总体完成比例
1	广州市伟博儿童福利基金会	350000	112.93
2	广东省慈阳慈善基金会	325000	102.26
3	广州市明镜社工服务中心	54220	101.45
4	广州市协和社会工作服务中心	20000	100.07
5	广东省绿芽乡村妇女发展基金会	16000	100
6	广州市大家社会工作服务中心	40000	100
7	广州市广爱社会工作服务中心	50150	100
8	武汉市江岸区爱特特殊儿童教育培训中心	100000	100
9	广东省三棵柚公益基金会	50000	99.99
10	广州华南生物工程研究院	200000	72.29

资料来源：广益联募平台官方网站，https：//www. gyufc. org/。

（四）项目支持人次

完成筹款目标是募捐项目的直接目的，网络募捐的另一个重要的社会功能在于动员更多的民众参与到慈善活动中，通过便捷的捐赠方式，培养民众的慈善捐赠习惯，从而在全社会营造更加积极、热烈的慈善文化氛围，如果捐赠款项只是来源于少数人的几笔大额捐赠，则募捐的社会意义将大打折扣。因此，网络募捐项目的参与人数也是衡量募款效果的另一个重要方面。

在目前平台上发布的已结束筹款的项目中，平均参与捐赠的支持人次为 271 人次，中位值为 39 人次，支持人次最多的项目达到 10582 人次。从区间来看，网络募捐项目的支持人次主要集中在 1000 人次以下的规模，其中参与规模为 11 ~ 100 人次的占比最大，为 35.4% （143 个）；接着为 101 ~

1000 人次（131 个），占比为 32.43%；然后为 1～10 人次，占比为 23.51%（95 个）（见图 1）。

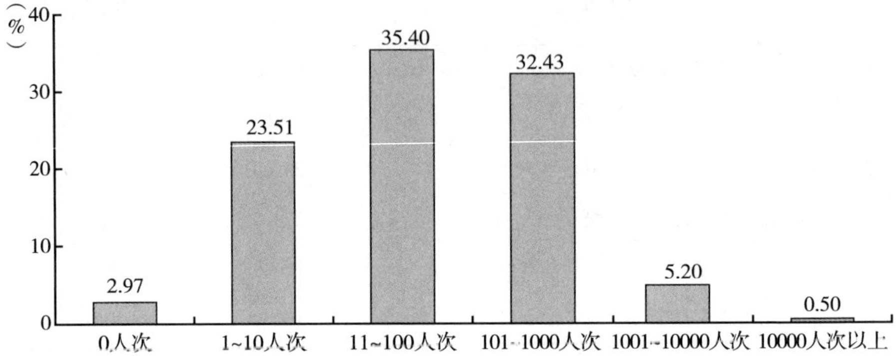

图 1　已结束筹款项目支持人次统计

资料来源：广益联募平台官方网站，https：//www. gyufc. org/。

整体而言，项目的支持人次和已筹款金额之间的正相关关系非常明显，支持人次越多，能筹到的金额越多。但支持人次与筹款完成比例之间的关系则并非简单的正相关关系，有部分项目即使支持人次较少，但同样能完成筹款目标，说明这些项目很可能依靠少数人的大额捐赠得以完成。

目的募款周期和支持人次之间也并非简单的正相关关系，两者的关系大致上呈现一种“U 形”关系，项目募款周期较短和较长的项目支持人次较多，而募款周期为中等长度的项目支持人次反而略低。

我们同样关注机构层面的“粉丝”数目。在机构层面，平均支持人次为 192 人次，中位值为 52 人次，支持人次最多的机构达到 2098 人次。每个机构的平均支持人次主要集中在 0～1000 人次的范围，其中支持人次规模为 11～100 人次的占比为 38.13%（53 个），101～1000 人次的占比为 31.65%（44 个），1～10 人次的占比为 24.46%（34 个）（见图 2）。

与筹款完成比例不同，在支持人次上，并没有显示出基金会或者社工机构特别突出的情况，在项目平均支持人次前 10 的机构中，基金会、社会团体及社会服务机构均有（见表 8）。

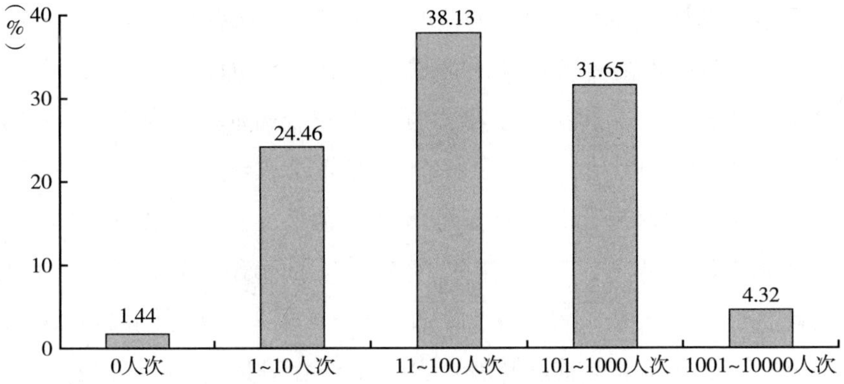

图 2　机构支持人次统计

资料来源：广益联募平台官方网站，https：//www. gyufc. org/。

表 8　平均支持人次较多的 10 个机构

单位：人次

序号	执行机构	项目平均支持人次
1	广州市越秀区文化发展促进会	2098
2	广东省慈阳慈善基金会	1837
3	广州市伟博儿童福利基金会	1564
4	广州市天河区米公益服务中心	1138
5	广州市慈善会	1076
6	广州市心连心地贫服务中心	1032
7	广州市番禺区慈善会	951
8	广州市十方缘老人心灵呵护中心	860
9	广州市南沙区青草行动志愿者协会	857
10	广州市社会创新中心	737

资料来源：广益联募平台官方网站，https：//www. gyufc. org/。

（五）项目服务领域

结合平台 2018 年运营报告中项目领域的划分及官方网站的项目数据，在 2018 年发起的筹款项目中，所占比例较高的领域为扶老（18.62%，35 个）、教育（18.09%，24 个）、助残（12.77%，24 个）、扶贫（10.64%，20 个）和济困（10.64%，20 个）类项目。

数据结果也显示，不同领域项目的资金需求存在差异（见图3），扶贫类和恤病类项目的资金需求较高，筹款目标金额的中位值约为40万元，事故灾难类、救孤类、文化类和济困类项目的资金需求也整体较高，筹款目标中位值在20万元以上。目前在各个网络募款平台上，扶贫类项目属于重点支持的项目，这也充分体现了各大网络募捐平台均积极响应国家扶贫政策。例如腾讯公益平台2018年超90%的项目涵盖了教育扶贫、健康扶贫、生态扶贫、救灾扶贫等多个领域，为扶贫类公益项目筹款约15.5亿元。[①] 2018年公益宝平台重点开展“公益宝医疗募捐”和“公益宝幸福家园”两大扶贫项目，联合省、市、县、区各级慈善组织，共同动员社会力量参与脱贫攻坚，2018年公益宝平台发布慈善项目1128个，扶贫项目占比为56%。[②]

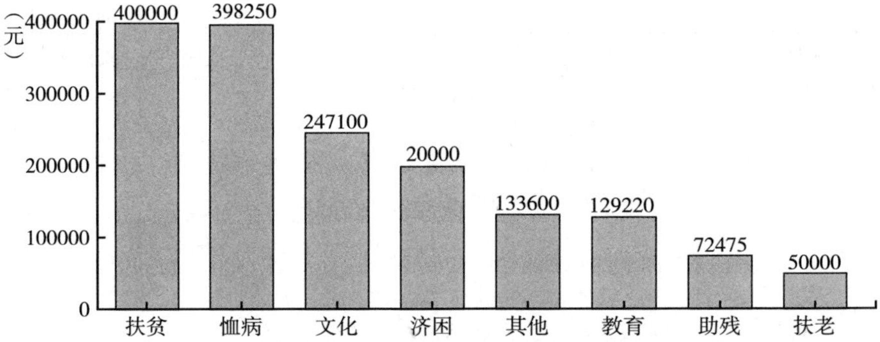

图3　2018年发起项目服务领域目标金额中位值

资料来源：广益联募网站，https：//www. gyufc. org/。

（六）项目执行机构类型

2018年在广益联募平台上发起项目的机构中，非公募机构占了77.13%（145个），而公募机构为22.34%（42个）（见表9）。《慈善法》规定，不

---

① 参见《腾讯公益网络捐赠平台2018年全年运营报告》。

② 参见《2018年公益宝平台运营报告》。

具有公开募捐资格的组织或者个人基于慈善目的，可以与具有公开募捐资格的慈善组织合作开展公开募捐，募得款物由具有公开募捐资格的慈善组织管理。这说明目前依然存在大量的募捐项目由非公募机构通过与公募机构的合作的方式进行。公募机构整体而言筹款目标更高，筹款目标均值为 447 万元，中位值为 50 万元，均远高于非公募机构，显示出公募机构执行的项目规模更加庞大。

表 9　不同类型机构项目目标金额比较

执行机构类型	数量(个)	比例(%)	目标金额均值(元)	目标金额中位值(元)
非公募机构	145	77. 13	245190. 8	70830
公募机构	42	22. 34	4473469. 2	500000
企业	1	0. 53	153835	153835
总体	188	100. 00	1140905	108150

资料来源：广益联募网站，https：//www. gyufc. org/。

四　网络募捐发展趋势与展望

（一）多平台发布项目实现披露信息的互通

从广益平台发布的项目信息数据可以看到，绝大部分项目的募捐效果至少在单一平台上还有很大的努力空间。这使得慈善组织在募款过程中线上线下相结合，多个线上平台相结合的筹款模式成为必然，而事实上也有慈善组织已经这样实施，如广州市乐善助学促进会的“一人一书桌”公募项目，除了在广益平台上发布之外，也在新华公益等平台发布。

目前，网络募捐平台要求项目需要定时做信息披露，这意味着在多个平台发布项目的机构需要进行多次披露，无形中增加了组织运营成本。公益宝平台 2018 年的运营报告也指出，慈善组织每入驻一家募捐信息平台都需要录入项目信息，且募款后存在大量对账及信息反馈工作。[①] 对于中小型慈善组织来说，在人员紧张、项目单一的情况下入驻平台积极性不高。随着项目在多个平台上发布的方式成为常态，为了尽可能降低慈善机构的运作成本，提高慈善组织特别是中小型组织的入驻积极性，可以预期，不同网络募捐平台之间相同项目的信息互通将成为一个重要的努力方向。

（二）着力于提升用户捐赠和使用体验

随着网络募捐和人们的移动网络使用行为逐渐形成一体，捐赠行为的生活化趋势将越来越明显，人们登录网络募捐平台，浏览慈善项目并进行捐赠的过程和人们登录淘宝、京东等网站浏览商品并决定购买的过程将变得越来越相似，这要求网络募捐平台的运营方除了做好平台基本的信息安全和运维工作之外，还需持续进行产品的迭代优化，进一步提升慈善组织的使用体验以及捐赠者的使用体验，吸引慈善组织发布项目并使得民众产生实际的捐赠行为。

（三）各平台建立各具特色的服务定位

尽管不同来源的宏观数据均表明当前网络募捐的发展趋势整体向好，但由于不同平台运营方的技术、资金、人员等资源水平不一，一方面，目前各个网络募捐平台之间不论是入驻平台数量、募款总额还是在业内乃至在民众当中的知名度都存在极大的差异。而另一方面，目前在各平台筹款效果较好的也只是集中在少数活跃慈善组织，还有大量具有募捐需求的慈善组织未被这些平台覆盖。除了承担基本的募捐项目信息发布功能之外，各个平台明确自身定位，建立平台独有的品牌，避免单纯追求建立“大平台”而走向同质化。有意识地扶持中小型机构、小众公益议题机构、偏远地区机构将成为可能的趋势。

① 参见《2018 年公益宝平台运营报告》。

当前，已经有不少平台正逐步打造自身的特色和优势，如广益联募平台计划下一步将侧重为广州市区一级等基层公益慈善组织服务，特别是为区、街、镇一级的基层慈善会服务，深挖慈善会系统潜力，帮助提升互联网募捐能力，推动基层慈善事业发展。[①] 联劝网则计划为那些相对边缘和小众的社会议题提供互联网公开募捐的支持和服务，并向中西部地区以及扶贫领域的慈善组织予以一定的资源倾斜。[②] 美团公益计划进一步加大对地方公益机构的支持力度，开放更多城市入口，加强与行业的交流和合作。[③] 随着各个平台建立起越来越具有特色的定位，不同地区、规模、服务领域的慈善机构将被分流到不同平台上，各取所需，百花齐放。

（四）募捐常态化趋势越来越明显，“狂欢式”募捐将逐渐弱化

2018 年 9 月 7 日，腾讯 99 公益日出现罕见的“低开”——首日 9999 万元配捐自 9：00 开抢，至 11：15 配完，用时 135 分钟。业界对其中的原因存在不同的分析，如当年业内负面事件的影响、新鲜感下降、活动规则复杂以及今年新上线的“冷静器”组件等。[④] 笔者认为，另一个可能的原因是，慈善组织已经开始不依托少数大型网络募捐平台发起一两次大规模活动，而是将募捐活动分散到不同的网络募捐平台当中，分散到一年的各个时间点当中，对单一时点或活动的需求被逐渐稀释，这暗示着随着网络募捐环境和渠道的日益多元化，慈善组织“狂欢节式”的募捐越来越少，而常态化的募捐越来越占据主导地位。例如在广益平台上，就存在一些项目长期进行募捐或者多次发布。这对慈善组织提升募捐能力，实现可持续的慈善资源募集具有一定的积极作用。

---

① 《2018 年度广益联募平台运营报告》，广益联募网站，2019 年 4 月 11 日，https：//www. gyufc. org/home/news/detail/id/92. html。

② 参见《2018 年度联劝网运营报告》。

③ 参见《美团公益平台 2018 年度运营报告》。

④ 黎宇琳：《“腾讯 99 公益日热度下降了?” “好着呢”》，中国发展简报网站，2018 年 9 月 11 日，http：//www. chinadevelopmentbrief. org. cn/news－21907. html。

B.6
广州慈善信托的发展现状、困境与对策研究

李　鑫*

摘　要： 慈善信托作为新型慈善方式，具有财产独立、设立便捷、运作灵活、管理专业等特点。在《慈善法》实施后，广州市制定了《广州市慈善信托备案管理指引》，细化备案流程，强化规范指引，有序、有效指导开展慈善信托业务。广州慈善信托发展呈现涉及范围聚焦、受托资产跨度大、信托期限灵活、委托对象多样、执行进度良好、监督检查有力等主要特征。与此同时，广州慈善信托在发展中也需要进一步思考慈善信托受托人行业规范设立、各类型捐赠的财产登记制度、慈善信托的协同监管机制建立、慈善信托的实务操作优化、慈善组织受托慈善信托账务处理以及慈善信托的税收优惠等相关问题。最后，本报告提出建立慈善信托受托人行业自律规则、明确信托财产登记制度机构范围、打造全方位的慈善信托监督体系、优化慈善信托备案的行政管理、修订慈善组织会计制度内容、落实慈善信托的税收优惠政策等六个方面的政策建议。

关键词： 慈善信托　财产登记　广州市

* 李鑫，广州市民政局慈善事业促进和社会工作处主任科员。

慈善事业与信托业有着天然相亲的基因，信托业“得人之信，受人之财、代人之管、忠人之事”的基本精神与慈善事业的核心价值高度契合。慈善信托是社会公众参与慈善的重要载体，具有财产独立、设立便捷、运作灵活、管理专业的特点。《慈善法》中明确指出慈善信托是指委托人基于慈善目的，依法将其财产委托给受托人，由受托人按照委托人意愿以受托人名义进行管理和处分，开展慈善活动的行为。并且，《慈善法》专设“慈善信托”一章，充分体现了国家和社会开始认识到金融工具在慈善事业发展中的保障性、基础性作用，标志着我国慈善事业进入了新的发展阶段。

一　中国慈善信托发展的基本概况

2016 年 9 月 1 日，《慈善法》正式实施，慈善信托作为新型慈善方式，也在期待中正式落地。三年多来，随着《慈善信托管理办法》进一步出台，越来越多的社会公众对慈善信托展现出极大热情，数量、规模显著增长，财产类型取得突破，受托管理不断规范，慈善效果更加突出，对慈善信托的研究也更为深入。民政部全国慈善信息公开平台的公开数据显示，截至 2018 年末，全国共成功备案 146 单慈善信托，受托人包括 42 家信托公司和 44 家慈善组织，22 个省、自治区、直辖市的民政部门进行过慈善信托的备案，信托财产规模总金额达到 11 亿元，其中信托财产规模在亿元级的有 4 单，千万元级的有 20 单，万元级的有 72 单。信托期限为永久存续的有 32 单，不设固定期限的有 15 单，5 年以下短期的有 66 单。

整体而言，慈善信托主要体现如下发展特征。一是慈善信托设立目的更明确，越来越多的第三方专业机构、专业技术管理平台参与到慈善信托的业务中，为慈善信托项目遴选和运营提供专业指导和支持，受益人群的范围选择标准及其可实操性逐渐增强。二是慈善信托资金的来源更广泛，自然人、企业、慈善组织及社会团体都可成为委托人，且出现了慈善信托设立时为单一类型委托人，后续定向开放募集为复合类型委托人的情形，信托财产来源更加多元和动态可持续。三是慈善信托受托管理能力更专业，共同受托人的模式数量越来越多。除此之外，信托公司已经开始通过执行委员会或符合慈善要求的专业机构合作等方式，更专业地实现慈善信托目的。四是慈善信托业务模式不断创新，出现了“慈善先行信托+慈善信托”、股权家族慈善信托等新模式，慈善信托助力脱贫攻坚的形式也不断创新，产业扶贫、教育扶贫、就业扶贫等成为慈善信托助力脱贫攻坚的重要方式。五是慈善信托社会影响力更彰显，信托公司首次在中国公益慈善项目交流展示会上设立专业展位，慈善信托项目在民政部主办的第十届“中华慈善奖”表彰大会上首次获奖。

二　广州慈善信托发展的主要特征

广州市积极促进慈善信托发展，大力宣传慈善信托的优势，及时印发实施《广州市慈善信托备案管理指引》，细化备案流程，强化规范指引，有序、有效指导开展慈善信托业务。截至2018年底，全市已备案慈善信托7单，居全省首位，受托信托公司有3家，参与运作的慈善组织有3家，受托财产总规模达2633万元。广州市慈善信托主要呈现六个特点。

一是涉及范围聚焦。信托项目主要聚焦脱贫攻坚、聚焦特殊群体、聚焦群众关切，7个项目有3单是定点提供扶贫，有2单是为“长者饭堂”和困境儿童提供资助。二是受托资产跨度大。规模最大的是粤财信托·2018润泽慈善信托计划的个人信托，财产金额为2000万元，规模最小的财产金额为6万元，其他信托财产金额从10万元到500万元不等。三是信托期限灵活。短期的有3年，中期的有10年，还有无固定期限的。四是委托对象多样。从慈善信托项目的委托人看，既有个人，又有公司，还有慈善组织，体现出参与的多样性。五是执行进度良好。每单慈善信托均能按信托文件约定支出善款，能按《慈善法》规定公布年报。六是监督检查有力。根据广州市“慈善之城·尽善净行”行动工作要求，广州市民政局委托第三方机构对慈善信托资金收支情况进行全面审计，对慈善信托项目的受托人履职情况、慈善信托财产及其收益情况等进行专项行政执法监督检查。

三　广州慈善信托发展的现实困境

由于慈善信托财产是社会公共财产，涉及社会公众利益，无论是英美等普通法系国家，还是日本等大陆法系国家，都对慈善信托的发展和监管制定了较为全面的政策法规，涉及信托设立、具体运作、变更终止、税收优惠等各个方面。我国《慈善法》虽然对慈善信托进行了规范，但相关配套政策不多，无法为慈善信托的快速发展提供充分的保障，受政策制度以及公众认知度不高的影响，广州的慈善信托发展也明显出现如下困境。

（一）慈善信托受托人行业规范设立问题

为保证慈善信托的长期可持续发展，需有一支可信赖的受托人队伍，需要建立受托人尽职管理慈善信托的行业规范。《慈善法》第四十八条规定："慈善信托的受托人管理和处分信托财产，应当按照信托目的，恪尽职守，履行诚信、谨慎管理的义务。"但随着慈善信托业务的快速发展，慈善信托立法对受托人行为的规定过于抽象，可操作性不强，受托人义务规范不完备，缺乏明确的行为准则指引，不利于对受托人进行有效的约束，使得受托人可能出现管理权利滥用或使用不当的情形，甚至出现损害受益人利益的情况。

（二）各类型捐赠的财产登记制度问题

根据《慈善法》，慈善捐赠形式多样，包含以房产为主的实物资产，以股权、债券、期权等形式的金融资产，甚至药品、图书、艺术品等都可能是慈善信托的财产，应考虑尽快建立规范的登记制度。一是估值认定问题，实物财产在信托财产交付时，需要进行价值的认定，可根据实物的种类规定具体认定的标准或办法，以方便实际业务的开展。二是登记流程问题，股权、房产等产权划转不同于资金，划转的流程较长，方式也不尽相同，以哪个节点作为信托财产交付时间，以及如何进行该项财产的登记，需有明确的规定。

（三）慈善信托的协同监管机制建立问题

慈善信托的监管部门主要是民政部和银保监会，但目前尚未建立沟通和反馈渠道，民政部门对银保监会具体监管的情况并不了解，特别是银保监会在市、区层面没有设有分支部门，基层民政部门与银保监部门的共同监管难以实现。另外，民政部门与财政部门、税务部门之间也需建立健全监管机制，民政部门备案慈善信托项目是其申请税收优惠的首要条件，财政和税务部门还需将税收优惠及监管情况反馈民政部门和银保监部门，以使其全面了解慈善信托实施情况。

（四）慈善信托的实务操作优化问题

一是针对慈善信托中的开放式集合信托，在运营期间，不断有新增的委托人来进行新的慈善信托文件签订，若每周到民政部门进行一次备案，工作量相对较大。如按相对宽松的期限（如一个季度来一次）进行实际操作，又缺乏相应法律支持，对这种情况应通过法规确定一个合适的期限。二是慈善组织去商业银行开设“慈善信托专用资金账户”时普遍遭拒。理论上慈善组织作为受托人开设“慈善信托资金专户”并无障碍，但是实践中银行对慈善组织的财务管理能力有所顾虑，银保监会尚未向银行业明确对慈善组织开立慈善信托账户，慈善组织难以成为真正意义上的慈善信托受托人。

（五）慈善组织受托慈善信托的账务处理问题

慈善组织作为受托人，需进行与慈善捐赠不一样的账务处理。慈善捐赠在完成捐赠后，捐赠财产是以慈善组织自有财产的属性体现在慈善组织的资产负债表上。但信托财产具有独立性，与受托人的固有财产相互独立。由于慈善信托对于慈善组织是新生事物，慈善组织现有的会计准则在这一领域尚属空白，在会计处理慈善信托业务时，难以对信托财产进行区分，急需与慈善信托业务相关的会计准则出台。

（六）慈善信托的税收优惠实现问题

目前慈善信托的税收优惠尚无具体规定出台，希望能尽快出台，同时也存在慈善信托的税收优惠和慈善捐赠税收优惠（如免税资格、公益性税前扣除）的一致性问题，如留下制度差异，使得各种慈善形式因税收优惠不一致，那将导致无法均衡发展的问题。同时，慈善捐赠税收优惠目前仅局限于所得税，但慈善捐赠或慈善信托设立、实施过程中还涉及印花税、契税、增值税等多种税，未来还可能有遗产税等，能否扩大税收优惠的范围也需要进一步研究。

四　突破慈善信托困境的对策建议

（一）建立慈善信托受托人行业自律规则

一是在行业层面，要制定受托人开展慈善信托的具体行业规范。对法律中受托人“恪尽职守、履行诚信、谨慎管理”等义务做出具体说明，发挥行业自律作用。二是信托公司要为慈善信托建立单独的业务操作指引，慈善信托属于公益信托，在信托设立时慈善目的的判断、信托设立后慈善资金的运用以及全程的声誉风险管理等方面与营业信托有较大差异，需要建立独立的业务操作指引进行规范和约束。三是慈善组织作为慈善信托受托人，面临开展事务管理工作的新挑战，除了保障慈善信托的账户及运营系统与慈善捐赠互相独立外，还需根据慈善信托特点，对慈善信托的发起、备案、后续管理、项目清算等环节建立尽职操作规范。

（二）明确信托财产登记制度机构范围

首先要详细划分登记财产范围，才能按种类评估价值。第一类是在国家统一部门进行登记才达到信托财产转移、公示目的的财产，主要包括不动产、商标权、专利权、上市公司股权；第二类是在国家统一平台登记才达到公示目的的财产，主要包括有限责任公司股权，船舶、航空器、机动车辆等特殊动产，应收账款等其他财产及财产权利；第三类是国家法律法规没有明确规定需要进行登记，但为更好体现信托财产独立性和达到公示目的需要登记的财产，主要包括艺术品等贵重动产，可以在中国信托登记公司办理信托财产登记。

同时，由于慈善信托财产的类型较多，涉及部门繁多，规则也差异大，难以统一协调，建立统一的信托财产登记机构推行成本较高，建议分类登记，例如：以不动产设立信托在土地局、房管局等机构进行财产登记；以股权设立信托在工商局、中国证券登记结算公司等机构登记；以专利权、商标权设立信托分别在国家专利行政部门、商标行政部门进行登记。

（三）打造全方位的慈善信托监督体系

英国经历了几个世纪的实践摸索，最终建立了以专门的慈善委员会为中心，包括高等法院、税务署、遗嘱事务署、地方政府在内的一套完整的慈善信托监督体系，这些部门依照法律的规定，各自行使着监管职能并相互配合。在我国《慈善法》确立了民政部门在慈善信托监管中的核心地位，民政系统的慈善信托业务人员学习了解更多的投资管理规定，才能在检查评估中发现问题，更有效地开展监管工作。民政部门应牵头成立银保监、财政和税务等部门间的监管制度，定期通报信托项目情况，打通各部门间管理信息的壁垒，将管理信息归集到政务统一平台共享。此外，还应利用社会公众的力量扩大监督的主体，通过建立详细的信息公开规则和内容，确保慈善信托设立、变更、实施、终止等信息能公开透明，促进和吸引社会公众参与监督。

（四）优化慈善信托备案的行政管理

备案程序设计的原则应该是流程简化、要求明确，在网络化、信息化高度发展的背景下，应在全国慈善信息发布平台完善并推出专门的慈善信托登记备案网上办理系统，由受托人先在网上提交备案材料预审，根据法律要求填写慈善信托备案的主要关键要素，及相关的电子版材料，民政部门预审通过后，受托人可预约时间提交纸质材料，民政部门核对材料与预审的一致后当场出具备案回执，并在网上发布备案信息。针对《慈善信托管理办法》第三十八条规定的根据信托文件约定或者经原委托人同意，可以变更的四种情况：增加新的委托人；增加信托财产；变更信托受益人范围及选定的程序和方法；国务院民政部门和国务院银行业监督管理机构规定的其他情形。建议对开放式集合慈善信托进行特殊的规定，要求受托人每季度最后一天报备新增的委托人和增加的信托财产，相应的慈善信托权利义务也从报备之日起具有慈善属性。

（五）修订慈善组织会计制度内容

慈善信托财产不属于慈善组织的财产和负债，需要与慈善组织的自有资产分开管理、分别核算，这方面可以参考借鉴财政部发布的《金融企业会计制度》《信托业务会计核算办法》等相关规定。如《金融企业会计制度》要求信托公司对不同信托财产来源和运用应当设置相应会计科目进行反映；《信托业务会计核算办法》规定信托项目应作为独立的会计核算主体，以持续经营为前提，独立核算信托财产的管理运用和处分情况。各信托项目应单独记账，单独核算，单独编制财务报告。不同信托项目在账户设置、资金划拨、账簿记录等方面应相互独立。慈善组织会计制度中应当增设慈善信托的会计科目，或在已有会计科目中设置明细账，用于反映慈善信托资产的取得、运作、收益及处分等财务情况。

（六）落实慈善信托的税收优惠政策

根据国际惯例和经验，对慈善信托进行税收优惠能积极促进社会参与慈善事业。慈善税收优惠政策的对象应主要是委托人、受托人、受益人以及慈善信托本身。可参照公益捐赠的税前抵扣政策制定慈善信托的税前抵扣政策，抵扣比例与公益捐赠税前抵扣比例可一致。同时，如果慈善信托财产是不动产、股权、实物、知识产权等，那么还应对不同的财产形式采取不同的抵扣比例。为鼓励受托人开展慈善信托业务，还可以考虑对受托人、监察人收取的慈善信托管理费在一定幅度内减免增值税、企业所得税或个人所得税。

慈善信托在解决社会贫困问题、推进现代慈善的发展进程中起到了相当重要的作用。《慈善法》实施以来，虽然由于配套的规章制度、优惠政策未及时跟上，影响了社会各界参与慈善信托的积极性，慈善信托总体规模还不大，但作为资产管理的一种形式，未来市场广阔。相信今后政策得到进一步落实、宣传得到进一步扩大后，慈善信托财产种类多样、期限设置灵活，保值增值明显、财产独立性高，委托人决定权大等优势将更加凸显。随着未来具有慈善意愿的富裕家族以及高净值人群的增加，以及相关配套法律法规的不断完善，慈善信托将得到更好的发展，也必将逐步成为推动我国慈善事业持续、快速发展的新动力。

B.7

广州公益慈善人才培养模式与路径研究报告

聂　铂*

摘　要： 公益慈善事业的长远发展有赖于高素质人才队伍的支撑。目前，广州市已出台多项关于公益慈善人才培养与支持的落实意见，强调人才教育的统筹规划，倡导整合高校、党校等机构的教育资源，探索多层次的教育培训网络，主要沿着专业教育和职业教育两个方向开展，分别由学校和社会组织举办。从当前发展情况来看，广州市公益人才教育存在整体规划不足、同质化明显、场化程度不高、跨界资源的引入有限、学科建设缓慢，学科体系不健全、学习平台的持续搭建和自主学习重视不够、人才培养项目目标单一等问题。下一步应在整体规划基础上，重视师资队伍建设，注重公益慈善基础理论研究和行动研究、探索推动公益教育项目“市场化”，以及拓展培训内容和新型教育方式、手段。

关键词： 公益慈善　公益教育　人才培养

一　公益慈善人才培养政策背景

社会建设的深入推进，对社会组织发展提出了更高要求，组织运作规范

---

* 聂铂，中山大学社会学与人类学学院研究人员。

化、社会服务专业化的呼声越来越高。作为行业基础设施建设的重要一环，社会组织从业人员素质与综合能力提升的需求也在不断增加。无论是政府、公众还是社会组织本身都对人才培养给予了极大关注。需要指出的是，对“公益”与“慈善”概念、公益慈善与社会工作关系的辨析，一直存在各种主张。本报告的目的不在于探讨概念界定下的各类人才培养状况，因此本报告未细化区分公益、慈善、社会组织、社会工作人才的明显界限，以期更全面地反映公益慈善和社会服务领域人才培养的现状与问题。

本报告探讨的“人才培养”，指对于公益慈善从业人员或与公益慈善事业相关人员开展的公益教育。借鉴和参考收录于《中国公益发展报告（2011）》中的《当前我国公益教育的基本格局及其发展战略》一文提出的国内公益教育类型划分方法，即职业教育、专业教育和公众教育三类[①]，本报告旨在梳理广州地区公益慈善人才的培养状况，对于公众教育部分不做具体讨论。

（一）国家层面的公益慈善人才政策

2014 年 12 月 18 日，国务院印发《关于促进慈善事业健康发展的指导意见》，要求各级政府部门加强对公益慈善工作的组织领导。具体要求包括：“完善慈善人才培养政策。加快培养慈善事业发展急需的理论研究、高级管理、项目实施、专业服务和宣传推广等人才。加强慈善从业人员劳动权益保护和职业教育培训。”[②] 这是中华人民共和国成立以来第一个在国家层面出台的规范和促进慈善事业发展的指导性文件，公益慈善人才培养被纳入政府管理视野，并着重提出公益慈善从业人员能力提升的具体方向，包括理论研究、项目管理、慈善服务以及公益传播等。

《中华人民共和国慈善法》于 2016 年 9 月 1 日起正式实施，标志着慈善

① 赖伟军：《当前我国公益教育的基本格局及其发展战略》，载朱健刚主编《中国公益发展报告（2011）》，社会科学文献出版社，2011，第 209 页。

② 《国务院关于促进慈善事业健康发展的指导意见》，中华人民共和国中央人民政府网站，2014 年 12 月 18 日，http：//www. gov. cn/zhengce/content/2014 －12/18/content_ 9306. htm。

事业法治化发展新时代的开启，为慈善事业健康发展提供了法治保障。《中华人民共和国慈善法》第九章第八十八条规定：“国家鼓励高等学校培养慈善专业人才，支持高等学校和科研机构开展慈善理论研究。”① 这从立法角度对公益慈善人才专业教育做出制度性安排。

（二）民政部及广东省公益慈善人才政策

在民政部和广东省层面，也多次发布关于促进慈善事业发展的指导纲要和实施意见。2011 年 7 月 15 日民政部发布《中国慈善事业发展指导纲要（2011—2015 年）》，其中第三点特别提出加快慈善组织建设，重点要求加强慈善从业人员队伍建设。要依托高等院校、科研机构和专业培训机构，做好慈善从业人员的职业培训工作。通过推动完善专职慈善工作者的福利、薪酬和社会保险政策，增强慈善事业从业的吸引力，不断壮大慈善工作队伍，推动专业化、职业化、社会化。②

为贯彻落实《国务院关于促进慈善事业健康发展的指导意见》，广东省人民政府办公厅 2015 年 10 月 20 日印发《广东省人民政府关于促进慈善事业健康发展的实施意见》，旨在加强和改进广东省慈善工作。实施意见在主要任务中提出完善慈善支持政策，包括完善慈善人才政策。对于《国务院关于促进慈善事业健康发展的指导意见》相应要求予以重点强调，提出建设一支职业素质优良、结构合理、具有奉献精神的职业化慈善人才队伍的目标。③

（三）广州市公益慈善人才政策

为进一步贯彻《中华人民共和国慈善法》，落实《国务院关于促进慈善

---

① 《中华人民共和国慈善法》，中华人民共和国民政部网站，2016 年 9 月 1 日，http：//www. mca. gov. cn/article/gk/fg/shflhcssy/201603/20160315881497. shtml。

② 《〈中国慈善事业发展指导纲要（2011—2015 年）〉发布》，中华人民共和国中央人民政府网站，2011 年 7 月 15 日，http：//www. gov. cn/gzdt/2011 -07/15/content_ 1907330. htm。

③ 《广东省人民政府关于促进慈善事业健康发展的实施意见》，广东省人民政府网站，2015 年 10 月 20 日，http：//zwgk. gd. gov. cn/006939748/201510/t20151029_ 625351. html。

事业健康发展的指导意见》和《广东省人民政府关于促进慈善事业健康发展的实施意见》，广州市于2016年9月20日出台《广州市人民政府关于促进慈善事业健康发展的实施意见》，提出“加强慈善队伍建设”的要求。应重点进行慈善组织高级人才培训、慈善理论研究，以及慈善领域重要实务人才培育。并对具体工作内容以及协调相应部门的重点工作做出了时间表加以推动。①

2018年8月20日，《广州市激发社会组织创新能力实施办法》印发。办法中对社会组织创新能力建设和创新人才激励提出新举措：“加大社会组织创新人才建设力度。拟建立社会组织领军人才、社会组织管理人才和社会组织专业人才等社会组织人才目录，符合条件的高层次社会组织人才经认定后享受我市高层次人才服务保障和培养资助；开展社会组织人才培养培优。”② 该办法提出对社会组织创新人才和领导人才的认定和激励，促进了社会组织高层次人才的涌现和流动。

（四）公益慈善人才培养政策的着力点

从上述多个文件可以看出，在公益慈善和社会工作迅速发展的近十年，党中央、国务院，民政部，以及各级政府和民政部门，均在不同程度强调培育公益慈善相关人才的必要性和重要性，对于人才培养的工作方向也进行了具体指导。主要体现在以下几个方面：第一，注重公益慈善与社会工作人才队伍的专业化与职业能力培育；第二，对公益慈善和社会工作从业人员存量提出了质性要求，对于增量提出了具体目标；第三，针对人才支持政策制定和人才培养体系建设提出了要求；第四，鼓励公益慈善理论研究；第五，注重高校等机构在公益慈善人才培养中的作用，联合社会培训机构的资源优势，探索多层次教育培训网络。

---

① 《广州市人民政府关于促进慈善事业健康发展的实施意见》，广州市人民政府网站，2016年9月20日，http://www.gz.gov.cn/GZ09/2.2/201610/24df262a70b04f0e8afdd31c58d111e4.shtml。

② 《广州市人民政府办公厅关于印发广州市激发社会组织创新能力实施办法的通知》，广州市人民政府网站，2018年8月20日，http://www.gz.gov.cn/gzgov/s2812/201808/cb20943961bd47b5b5c46b378190d400.shtml。

广州市的政策层面，对于公益慈善人才培育制定了更为具体的目标，不仅在人才培养的广泛性上给予关注，而且更加重视发挥平台型和智库型社会组织的教育资源优势，着重培养社会组织高素质专业化的高级管理人才。对于社会组织拔尖人才的培优，出发点在于培育具有更高战略视野、更强资源整合能力、更优协同创新能力，扎实的理论素养与丰富的一线实践经验相结合的高水平社会组织管理人才，带领社会组织适应时代发展，在新时代展现新作为。依据一系列相关政策，广州在公益慈善人才培养上呈现丰富多元的发展态势。

二　广州的公益慈善人才培养实践

广州的公益慈善人才培养沿着专业教育和职业教育两个方向开展。专业教育主要由学校（职业学校及高校）举办。职业教育则主要由社会组织举办，重在对于从业人员的业务水平和素质的培养，资金来源更加多元，包括基金会、政府创投、福彩项目资金等。一些社会组织开办的公益慈善人才培养项目也通过收取学费方式支持运作。本报告选取在广州本地具有一定代表性的人才培养项目，尝试展示不同主办机构人才培养项目在方案设计、培养目标、组织实施等方面的基本情况，并在此基础上对广州地区公益慈善人才发展状况进行简要评析。

（一）公益慈善人才专业教育

广州高校首次体系化开办公益慈善人才教育最早始于中山大学在2013年9月面向社会招收的民族学专业（公益慈善方向）硕士研究生课程进修班。学生修满学分并完成学位论文，具有以同等学力申请硕士学位的资格。在职研究生进修班不属于学历教育体系，但该班在培养模式及课程内容等方面均遵循高校教育范式，因此本报告把该班放入专业教育部分加以陈述。该班同时也是全国首个高校开办的以公益慈善为方向的硕士研究生课程班，共招收学员53名。自此之后，国内一些高校进行积极尝试，包括北京大学光华管理学院2015年开办的社会公益管理硕士项目、北京师范大学2015年开办的公益慈善领域高级公共管理硕士研究生项目、清华大学公共管理学院2016年开办的公益慈善方向高级公共管理硕士项目等。在公益慈善人才本科教育层面，北京师范大学珠海分校宋庆龄公益慈善教育中心2012年9月面向全校学生开设的公益慈善管理方向辅修课程是国内首个公益慈善本科人才培养项目。此外，南京工业大学浦江学院设立公益慈善管理学院，于2014年9月开办了全国第一个公益慈善管理四年制本科专业，首届毕业生于2018年毕业。

2018年4月1日，广东省内第一家全日制公益慈善学院——岭南公益慈善学院正式揭牌。该学院由广东省岭南教育慈善基金会筹集资金支持成立，隶属于广东岭南职业技术学院，招收应往届高中毕业生，开展社会工作和公益慈善事业管理两个专业方向的大专学历教育。岭南公益慈善学院的开办为公益慈善人才学历教育体系的完善做了良好补充，在形成多层次人才培养体系方面迈出了重要一步。

（二）公益慈善人才职业教育

公益慈善人才职业教育项目开展主要有两条路径。一条培养路径致力于公益慈善人才的整体素质提升，课程内容往往涉及公益慈善整体概念的构建、战略思维训练以及领导能力的全面提升。另一条培养路径关注公益慈善的具体主题或从业人员专业和服务能力。

1. 公益慈善人才综合能力培养

此类人才培养项目针对的目标学员群体是社会组织或公益慈善事业相关机构的中高层负责人。要求学员具有一定战略眼光和思维，承担机构管理职能，有机会参与机构决策和参与制定中长期战略发展规划。对于工作年限和学历设置了具体要求。该类人才培养项目对于举办机构在人才培养体系搭建、课程逻辑框架设计、师资优化配置、学员考察与筛选等方面的资源和能力提出较高要求，因此，公益慈善人才综合能力提升的项目主要由教育资源较为丰富和集中、人才培养体系和经验较为成熟的高等教育机构、智库型机构以及行业平台型机构举办和承担。当前，智库型和平台型社会组织层面，主要通过广州社会组织研究院、广州市公益慈善联合会、广州社会组织学院、广州公益慈善书院等机构持续开展常规化的公益慈善管理人才培养项目。

例如，“菁英计划”是广州社会组织研究院举办的社会组织人才培养品牌项目，全称是“菁英计划——广州社会组织高级人才研修班”。由广州市社会组织管理局、广州市社会组织服务交流中心、广州市社会组织联合会指导，旨在培养具有开阔的国际视野、战略思维能力和卓越领导力的社会组织领军人才。项目的定位积极响应广州开展社会组织高层次人才的工作部署，招生对象为社会组织主要负责人，每年常规举办两期。2018 年在夏秋两季举办，每期招生在 50 人左右。课程框架重点关注组织层面的战略规划和内部治理，项目管理与资源筹集开展，着重规范社会组织治理结构、改善社会组织资源筹集模式，促进社会组织梳理自身发展现状，实现机构可持续发展。课程的主要特色在于理论与实践结合，不仅邀请知名学者参与授课，从社会治理和社会组织发展的理论依据入手理解社会发展路径，也邀请社会组织资深行动者从实际问题和案例出发，与学员共同探讨实现机构健康有序可持续发展的可行性路径。此外，注重挖掘和培育行业协会及商会等社会组织的领导人才，激发行业协会活力，为不同类型社会组织之间的交流合作与资源动员提供平台。

此外，另一较典型的探索是广州公益慈善书院依托公益慈善领军人才研修计划所开展的公益慈善人才培育。项目于 2016 年正式开设，逐步开拓出书院教育模式，探索以全人教育理念和方式培养公益慈善领军人才。12 门核心课程覆盖公益慈善领域框架知识，如公益慈善学概论、非营利组织管理、公益慈善伦理、华人慈善历史与文化等课程，并响应核心能力提升需求，如公益劝募、公益慈善领域法律与政策环境等课程，对公益慈善发展的热点如社会企业等话题也加以系统性的介绍。在核心课程之外，开设人文、历史、艺术、心理学、科技等方面选修课，完善学员的知识架构。公益慈善领军人才研修计划在广州市慈善会及广州市公益慈善联合会指导下开展，主要有几个特色：第一，小班教学，每期人数在 20 ~ 30 人，确保互动深入和对学员的精准回应；第二，学员来源广泛，注重吸取跨界学员如企业、高校、政府部门、事业单位等机构相关人员，促进跨领域学员的思维碰撞与视野开阔；第三，践行全人教育，提倡终身学习；第四，注重行动研究的开展。

2. 公益慈善人才专业能力提升

公益人才职业教育开展的另外一个重要途径是公益慈善从业人员的专门能力提升。由于针对从业人员专门能力提升的培训更为强调对单一议题的深入探索与专业性，以及一线经验和实际操作能力，一些优秀的社会组织在其服务领域积累较为深厚，因此该类培训主办机构较为多元。涉及的主题覆盖公益慈善组织发展的各个方面，包括筹款劝募、公益传播、财务管理、项目设计与管理、法律法规和政策解读、社区公益创新等。

前文提到的智库型机构以及行业平台组织在议题培训方面有较多的尝试。例如广州社会组织研究院针对公益创投实施主体能力提升开展的“同行计划”，针对社会组织从业技能如品牌传播能力、等级评估、财务管理、人力资源等开展的“成长计划”专题培训，针对党建党务理论学习开展的“红苗计划”专题培训。

广州市公益慈善联合会发挥公益慈善行业平台和枢纽的作用。联合会的一个主要工作是为公益慈善组织能力提升需求提供相应解决方案。广州市公益慈善联合会开展公益慈善人才培养的载体是“善知学园”和“益群计划”。“善知学园”自 2017 年启动，定位为“公益人的专业学习平台”，帮助公益慈善领域从业人员以及有意愿参与或从事公益慈善事业人员夯实专业知识、提升专业能力、提供专项辅导。专业能力培养专题包括公益慈善项目管理、筹款能力、公益慈善法律法规与政策、社区公益创新等。在近年的课程设计中，有几方面的趋势：第一，注重理论与实践结合，既有宏观层面的方向性指导，也有微观层面落实与应用的探讨；第二，立足全国视野，聚焦广州实践，注重与广州本地实际情况结合，从案例教学入手，探讨本土化解决方案；第三，师资来源广泛，包括理论基础扎实全面、研究功力深厚的知名高校学者，业务能力卓著、承担政府部门专项管理职能的相关负责人员，一线经验丰富、专注问题解决能力提升的公益慈善领域资深从业者；第四，学员案例贯穿始终，学员机构实操案例与教学内容高度结合，既提升能力素养，也通过项目案例剖析和诊断提升项目质量；第五，项目迭代更新速度快，与当年公益慈善领域的最新发展和热门议题结合度高。

2018 年启动的“益群计划”旨在通过演讲与表达能力、PPT 制作技能等，提升公益慈善从业人员的综合素养，促进公益慈善从业人员交流平台的搭建。作为广州本地公益慈善枢纽型组织，“益群计划”的常规性创设和开展具有一定的创新性。

其他针对机构发展某一议题方向开展的培养还包括广州市广益联合募捐发展中心主办的广州市公益慈善组织筹款能力提升计划、广州市汉达社会工作服务中心主办的社会组织 CFO（首席财务官）人才培养计划、广州市社会工作协会主办的社工专门人才和社会工作项目管理人才培训等。此外，满天星青少年公益发展中心、越秀区捌零柒社会服务中心等机构也开展相关公益慈善人才培养项目。但就培养方案来讲，这几家机构的公益人才培养除了部分公益慈善人才基本素养和技能，如公益慈善基础知识、团队协作能力、领导力课程外，主要结合主办机构业务范围进行相关课程设计。例如，满天星的青年公益领袖计划主要提供关于阅读以及儿童教育类课程。捌零柒社会服务中心主要开展社会创新人才培养，通过以社会企业与社会创新为主题的游学式培训、社会创新产品设计大赛等形式，挖掘社会创新人才，激发社会创新意识。

3. 公益慈善人才培养项目主要资金来源

人才培养在资金投入、学员招募能力、课程设计能力方面对举办机构提出较高要求。达到一定的招生数量，需要在社会组织触及范围、社会影响力和资源动员的广泛性上达到较高水平。因此，当前针对公益慈善领域从业人员的培养，资金的重要来源之一是政府支持。公益组织举办机构通过申请政府创投、福彩项目、政府购买服务、申请基金会资助等方式，开展人才培养项目。为弥补部分资金缺口，保证学员对培训的参与度和积极性，把培训项目产品化，推动培训面向更广泛的市场，部分培训也收取一定的学习费用作为补充。此外，承接政府购买、创投和福彩项目的机构除了得到资金支持外，在传播、资源链接和具体实施上也会得到相应指导和支持，这在一定程度上保证了学员数量、社会组织类型的覆盖率以及参与程度，确保了人才培养项目规范有序开展。

公益人才培养项目的另一个重要资金来源是资源优势明显的基金会。越来越多的基金会看到人才发展对于公益慈善领域至关重要的作用，对于人才发展和人才培育的支持力度和广度日渐提高。南都公益基金会、敦和基金会、正荣基金会等均在各自关注领域支持公益教育。广东省内的基金会如和的慈善基金会、千禾社区公益基金会、丹姿慈善基金会等也在支持行业人才方面进行较多的实践。还有一种资金来源是自筹经费，主要是学员学费收入，但当前能够完全依靠这种单一资金来源的项目较少。

总体而言，目前的公益慈善人才培养的资金来源正在从主要依靠申请政府项目，向多元资金来源方向转变。未来的公益慈善人才培养项目可能是借力各方优势，政府支持、基金会资助、面向市场的学费收取相结合，助力公益慈善人才培养项目实现广覆盖和高品质。

三　公益慈善人才培养中的问题

针对广州公益慈善人才发展政策和公益慈善人才培养现状，以及与国内不同地区开展公益慈善教育的机构对比，以下几个问题亟待讨论。

第一，公益慈善人才培养缺乏整体规划。举办机构多元，虽然对于丰富培训内容，借鉴不同机构经验和思路大有裨益，但是整体仍处于各自为政的状态。在培训资源整合、培训内容互补方面缺乏一定的规划和协调。一些公益慈善领域的议题培训频率过高，但对于一些重点议题、热点议题的关注不够。此外，对于公益慈善专业教育和职业教育的有机整合不足，专业人才与职业人才的发展不能良好衔接和实现优势互补，未能形成合力。

第二，公益慈善人才培养同质化现象较为明显。体现在课程内容，教学方法、生源范围等方面。项目设计思维较为固化，师资重叠情况较多，各机构对于相关议题的设计区分度不明显。培训项目作为一种公益“产品”，特色和识别度虽在近两年中有所凸显，但整体水平尚且不高，竞争优势不足。

第三，公益慈善人才培养的市场化程度不高。虽然公益与商业的关系历来容易引发激烈的讨论，但在项目执行中适当引入商业思维，有助于公益慈善组织增强自身竞争力，促进公益慈善资源的更合理配置，以及资金的有效和充分利用。如前文分析，当前的人才培养资金较多的来自政府及基金会资助，部分项目收取学费，但主要是补充资金缺口，市场压力较小。因此诸多人才培养项目存在先天不足的问题，没有经过真实的培训市场检验，对于培训项目设计合理性、成效的全面评估缺少市场这个重要维度的考量。因此，项目的设计缺乏对于公益慈善从业人员真实需求的精准把握，缺乏一定的前期调研，更多地从本机构的资源情况及有限的公益慈善组织接触范围出发，项目设计科学性不足。这也是导致一些人才培养项目招生困难，可持续性不强的一个原因。

第四，公益慈善人才培养对于跨界资源的引入有限。在社会充分发展、经济水平大幅提升、社会领域分工趋于精细化的同时，领域融合与跨界合作创新将在社会发展各个领域呈现更强的趋势。跨界融合不仅指公益应与商业、媒体、法律、教育等领域有更多互动，引入更多其他领域的问题分析视角，吸引更多的跨界人士深入了解何为公益慈善，公益慈善的本质，如何开展公益慈善活动，深刻了解公益慈善对于所在机构、领域以及整个社会的意义，也指在全球化的今天，在友好互信的基础上，引入国际的优质师资资源和案例资源，开阔视野。当前的公益慈善培训仍然较多地处于公益慈善领域的内部培训状态，封闭性较强，跨界学员和跨界师资都比较匮乏，因此，也就缺失了在公益慈善这一话题上平等对话和合作的机会，对其他领域解决问题的思路、工具以及技术进步的借鉴也较为有限。

第五，公益慈善学科建设缓慢，学科体系不健全，师资队伍不稳定全面，公益研究基础薄弱，导致项目设计逻辑性和体系性没有坚实的理论依据支撑，且教育手法单一，真实学习效果有待考量。当前的公益教育设计，虽有一定的既有路径，但较多地停留在找到“可讲”的师资传授相应经验。对于体系性设计，以及有效教育手段的考虑程度不够。此外，公益教育也是教育的一种形式，但公益慈善人才培养的组织机构对于教育原理、本质、周期和有效手法的学习不够。最明显的例子，如当前较多采用传统讲座和授课教育方式。虽在近年来工作坊、游学的教育形式陆续补充到当前公益教育培养中，但传统“填鸭式”教学仍占主流，学员对于自身情况和机构真实项目的讨论和互动交流有限，这也是很多公益慈善从业人员参加培训的机会和频率相当高，但对于机构发展的反哺成效有限的原因之一。所学知识没有带入真实案例的检验，仍停留在“学”的阶段，“习得”不足。

第六，对于学习平台的持续搭建和自主学习重视不够。培训项目的结束并不意味着学习的结束，培训后对于学员学习动力的持续激发和对问题的深入探讨机会有限。一些智库型机构和枢纽型机构在这方面给予了重视，搭建了学员社群，在资源链接、学员合作上发挥了作用。但如何推动社群化学习，在议题讨论上更加深入，需要进一步探讨。

第七，公益慈善人才培养项目的目标较为单一。多数的培养项目旨在培养学员解决机构问题。但人才培养项目的目标应该是多元的，应培养高素质的广州本土品牌讲师，以更了解本地实际问题，能够在教学中更好引导学员探索本地解决方案。同时，本土品牌讲师的培养也可以在更广范围内分享广州经验，推动广州公益慈善发展模式的跨地域交流。

四　总结与对策建议

总体而言，公益慈善人才职业教育发展迅速，行业型和平台型机构在公益慈善人才能力提升方面积极实践，积累了丰富经验。专业教育相较之下发展滞后。公益慈善人才培养如何突出重围，冲出所在领域限制，吸引社会各界力量和资源参与到公益慈善教育方向的探索中去，需要更加细致的讨论。

针对广州的公益慈善人才培养现状，本报告提出以下建议。

第一，政府主管部门指导，对广州公益慈善人才培养工作进行整体规划。通过慈善行业组织、智库型机构与具有教育资源优势的高等教育机构合作，探讨公益慈善领域人才培养模型和培养方向，系统搭建专业教育和职业教育相结合的不同层次的培养体系。集中优势力量、促进组织合作和资源整合，全面促进公益慈善人才整体素质提升和专业技术能力提高。

第二，加大公益慈善学科建设力度，重视公益慈善师资队伍建设，促进公益慈善人才培养与教育科学的充分融合。在学科发展上，充分融合教育学理念，借鉴科学教育技术，引入如互动式教学、案例学习与诊断、行动学习等学习手段。注重对学习成果的检验，激发学员的参与性。

第三，注重公益慈善基础理论研究和行动研究。无论专业教育还是职业教育，均应加强对学员研究能力的培养，培养学员既有一定的理论素养和行业研究能力，又能针对具体问题探讨解决方案，促进公益慈善领域理论与实践均衡发展。鼓励和支持公益慈善组织人才开展行动研究。

第四，充分融入粤港澳大湾区的整体发展战略之中，积极开展与港澳公益慈善领域的人才合作和联合培养工作，并利用大湾区的发展机遇，合理借鉴先进的国际经验，拓展公益慈善人才的战略视野。

第五，探索推动公益教育项目“市场化”，打造公益教育品牌项目。强化前期需求调研的重要性，减少对于单一资金来源的依赖，用市场来检验教育产品的竞争力，使得品牌项目脱颖而出并获得可持续发展的机会。

第六，适当拓展培训内容，开展 TOT（培训者的培训）能力培训，建立广州公益慈善本土讲师资源库，开展师资认证和资质评估，促进和激励本土公益慈善人才培养师资队伍建设。

第七，积极借鉴日新月异的新技术手段，探路新型教育方式和手段。针对科技进步对于人们工作方式以及时间分配的影响，利用技术变革对于学习模式的转变和学习场景的再造，探索公益慈善网络教育。通过视频、语音等形式，开发慕课、网上公开课、语音直播等授课模式，以及线下和网络教育相结合的教育方式。

经济发展和社会进步的关键要素是人，市场经济的长足发展，要素的充分流动，高素质人才在社会发展的各个领域彰显出极大的重要性，人才优势是机构乃至行业发展至关重要的因素。对于高素质人才的竞争和培育也成为重中之重。人员准入门槛不高，人才培养体系不健全的现状，使得公益慈善组织发展相对于商业等领域较为滞后。在社会主义建设进入新时代的今天，落实《慈善法》，加快推进公益慈善人才队伍建设步伐，促进公益慈善领域发展与社会发展水平相匹配，才能最终推动社会事业全面发展和进步。

B.8

广州市慈善法规政策体系研究

欧阳兵*

摘　要： 广州为创建“慈善之城”，自2012年至2018年出台的法规规章及行政规范性文件中，不仅包含总体纲领性文件和相关促进慈善事业发展的实施意见，也涉及慈善募捐、创投、信托、组织管理和创新、监管、税前扣除等具体领域规章。目前，广州市慈善法规体系呈现以下特点：政策统领，多部门合作；动员多方主体参与，撬动慈善资源；在创新监督机制的同时，兼顾其他领域制度的完善和创新。虽取得了一定成绩，但仍存在统领性地方立法缺乏，政策制定落后于实践经验，部分前期出台的规范性文件滞后于现实慈善事业发展，或是出现与其他法律法规不相适应的情况，这些都需要主管部门及时做出调整，以适应慈善事业的新发展。

关键词： 慈善立法　法规政策　广州

广州市近年围绕创建“慈善之城”的目标，持续推行“羊城慈善为民”行动和以“慈善+”为理念的系列活动，在慈善事业方面继续在全国保持领先地位。2018年中国慈善联合会发布的中国城市公益慈善指数显示广州综合指数得分居全国第二，其中“政府支持”指数全国第一。“羊城慈善为

---

* 欧阳兵，广东岭南律师事务所高级合伙人，广州市社会组织联合会法律服务中心主任。

民”项目获2018年第十届“中华慈善奖”。广州在慈善法规政策体系建设方面做了不少努力，这些法规政策为广州市慈善事业沿着法治化的轨道快速运行发挥着基础性的支撑作用。

一　广州市慈善法规政策体系总体情况

无规矩不成方圆。近年来，广州朝着创建“慈善之城”的目标前进，将制度建设放在重要位置。近年广州市在慈善领域的法规规章及行政规范性文件的颁行情况见表1。

表1　广州市慈善领域法规规章及行政规范性文件（部分）

序号	名称	制定机关	年份
1	《广州市募捐条例》	广州市人大常委会	2012
2	《广州市社会组织公益创投项目管理办法》	广州市民政局、广州市财政局	2013
3	《广州市社会组织管理办法》	广州市人民政府	2015
4	《广州市人民政府关于促进慈善事业健康发展的实施意见》	广州市人民政府	2016
5	《关于广州市公益性捐赠税前扣除资格确认有关事项的通知》	广州市财政局、广州市国家税务局、广州市地方税务局、广州市民政局	2017
6	《广州市民政局关于进一步加强慈善公开募捐监管工作的通知》	广州市民政局	2017
7	《关于深化“羊城慈善为民”行动创建全国“慈善之城”之“尽善净行”工作方案》	广州市民政局	2017
8	《关于鼓励支持企业积极参与广州市创建慈善之城的意见》	广州市民政局、广州市精神文明建设委员会办公室、广州市政府国有资产监督管理委员会、广州市工商业联合会	2018
9	《广州市慈善信托备案管理指引》	广州市民政局	2018

续表

序号	名称	制定机关	年份
10	《广州市激发社会组织创新能力实施办法》	广州市人民政府办公厅	2018
11	《关于改革社会组织管理制度促进社会组织健康有序发展的实施意见》	中共广州市委办公厅、广州市人民政府办公厅	2018

从表1可见，广州市慈善法规政策体系在法律渊源上主要体现在三个层次，即地方性法规、政府规章和市政府、民政工作部门的规范性文件。慈善制度体系的日趋完善也为“慈善之城”创建提供了良好的政策环境。广州市作为一个副省级城市，具有地方立法职权，目前，在本地法规政策体系中等级最高的是广州市第十三届人民代表大会常务委员会第45次会议在2011年10月26日通过的《广州市募捐条例》（2012年5月1日起施行），这是广州市慈善事业发展效力等级最高的地方性法规，其创新制度，如放开公募权、降低准入门槛、信息公开制度等，对我国《慈善法》的订立具有借鉴意义，也将广州市慈善事业的发展推上一个新台阶。

在政府规章方面，2014年10月30日广州市人民政府以第108号政府令的形式公布实施《广州市社会组织管理办法》。社会组织是慈善事业发展最重要的主体之一，上述办法从登记、培育和监督社会组织的角度作出了较为完善的规定，对推进广州市社会组织管理法治化、激发社会组织活力、推动广州市慈善事业发展具有积极作用。

在行政规范性文件方面，广州市政府在2016年9月20日颁行了《关于促进慈善事业健康发展的实施意见》（穗府函〔2016〕109号）。这是广州市发展慈善事业的总体纲领性文件。在该文件中广州市明确了慈善事业的指导思想和发展目标，确定了主要任务，也指出了实施路径。2017年广州市民政局、广州市财政局等联合印发的《关于广州市公益性捐赠税前扣除资格确认有关事项的通知》明确了广州市市、区两级社会组织的公益性社会团体捐赠税前扣除资格确认程序，并简化工作程序，减轻社会组织的负担，提高公益性组织开展公益活动的积极性。

广州在公益创投、慈善信托备案、募捐监管等方面也发布了行政性规范文件，对相关领域的办事流程和法律责任予以明确，为从事慈善领域的社会组织提供明确、可操作的指引。

二 广州市慈善政策法规体系的特点和作用

经过多年的建设，广州市慈善事业逐渐呈现蓬勃发展的新气象，广州市慈善事业的多项指标均处于全国前列。广州市借由创建“慈善之城”的契机，大力推动慈善政策法规体系建设，全面动员慈善资源、重抓慈善募捐和慈善监督，弘扬广府慈善文化，进一步营造共建共治共享社会治理格局，推动及规范慈善事业的发展。其政策法规体系的特点有如下几个方面。

（一）政策统领，多部门协作

广州市于2016年制定了《广州市人民政府关于促进慈善事业健康发展的实施意见》，这是广州市慈善事业发展的统领性文件，它提出了坚持政府引导、社会实施、公众参与、专业运作、自愿共享，广泛动员社会力量开展慈善活动，努力建设“人人慈善为人人”新格局的理念，也明确了要将广州市建设成为慈善监管健全有效、扶持政策更加完善、体制机制协调顺畅、慈善行为规范有序、慈善组织蓬勃发展、慈善活动公开透明、社会捐赠积极活跃、志愿服务广泛开展的城市。该文件还突出培育发展各类慈善主体、鼓励开展各类慈善活动、完善慈善政策机制、加强慈善监督管理四项任务，完善慈善工作机制，对慈善事业的发展加强领导与监督。

在广州市委市政府的引领下，广州市民政局作为牵头部门落实任务工作，宣传、统战、台办、市直机关工委、教育、民宗、卫健委、国资、体育、工商联、工青妇等部门和各区政府建立创建“慈善之城”联动机制，保证各项政策措施落到实处，发挥慈善效力。

（二）动员多方参与，撬动各领域慈善资源

广州市根据党的十九大报告提出的“打造共建共治共享的社会治理格局”的要求，在“慈善之城”创建中，通过建章立制等方式动员多方参与，撬动各领域慈善资源。

1. 动员多方主体参与慈善事业

（1）发挥行业枢纽型社会组织的作用。2017 年广州市民政局印发《关于深化“羊城慈善为民”行动创建全国“慈善之城”之“尽善净行”工作方案》，动员引导广州市社会组织联合会、广州市公益慈善联合会、广州市慈善会、广州市志愿者协会（原广州市义务工作者联合会）、广州市社会工作协会等行业性、枢纽型社会组织发挥支持作用和平台功能，落实上述工作方案中修订《广州市募捐条例》、开展清风促善行专项执法行动、监督慈善扶贫项目实施情况、组织“慈善为民月”系列活动、发布慈善力指数评价报告等工作，形成“多方共建、协同联动”的运作机制。

（2）发展与培育慈善组织，激发慈善活力。发展和培育社会组织是创新社会治理，激发社会慈善活力的重要方式。《广州市社会组织管理办法》强调各类社会组织培育孵化基地应当优先培育孵化公益慈善类和社会服务类社会组织，登记管理机关应为其提供办公场地、政策咨询、项目策划、人才培训、机构孵化、小额资助等支持性服务，对其日常活动进行指导。全市各级财政应当对本级管辖的社会组织培育孵化基地日常运营经费给予支持，纳入财政预算，拨付工作经费。此外，2018 年广州出台《关于改革社会组织管理制度促进社会组织健康有序发展的实施意见》，提供扶贫、济困、扶老、救孤、恤病、助残、救灾、助医、助学服务的公益慈善类社会组织，可直接向民政部门依法申请登记。

（3）鼓励企业和社会力量参与慈善。创建“慈善之城”要鼓励企业参与慈善事业。2018 年，广州市民政局、市精神文明建设委员会办公室、市

政府国有资产监督管理委员会、市工商业联合会联合印发了《关于鼓励支持企业积极参与广州市创建慈善之城的意见》，提出了“弘扬慈善文化，鼓励开展企业慈善志愿服务；完善参与体系，实现企业慈善专业化发展；发挥企业优势，推动慈善形式创新；突出扶贫济困，重点帮扶困难群体”等四个方面 11 条措施，主要包括鼓励支持企业将慈善文化融入企业文化、开展企业志愿服务、多种形式进行捐赠、设立企业慈善基金（会）、编制企业年度社会责任报告、全面参与扶贫济困等意见，同时落实支持政策、加强工作指导、做好慈善需求对接、完善扶持和激励措施，进一步促进广大企业通过参与公益慈善事业，积极履行社会责任，提高企业参与慈善事业的积极性、科学性和有效性。

此外，广州市以广州市公益慈善联合会、广州社会组织学院、广州社会组织研究院、广州公益慈善书院等为载体，依托高等院校资源建立慈善人才培训基地，开展慈善培训与交流活动，提高慈善从业人员的工作技能。为动员更多的社会力量加入慈善事业当中，广州市通过创新推动慈善 + 体育、慈善 + 实体、慈善 + 消费、慈善 + 创投等模式，多元深入开展慈善进机关、社区、家庭、学校、企业等系列活动，畅通社会各界参与慈善的渠道，汇聚力量发展慈善事业。

2. 撬动慈善资源

为规范广州市社会组织公益创投项目管理，提高公益创投资金使用效益，广州市 2013 年就制定《广州市社会组织公益创投项目管理办法》，走在全国公益创投的前列。该办法规定公益创投项目的征集方式需向社会公布公示，扩大征集范围及影响力，提出公益创投项目评审应当遵循公平公开、竞争择优、绩效管理的原则，从签订合同项目、申请资金拨付、督促项目实施、组织监督评估、开展项目推介、搞好项目总结六个方面来规制项目实施过程。广州的实践证明，政府部分资助有能力且项目可行性和创新性较高、预期社会效益良好、与政府目标契合的公益创投项目，可以有效解决社会公共服务需求问题。截至 2018 年，广州市连续 5 年举办社会组织公益创投活动共投入资金 1 亿多元作为种子基金，资助项目 696 个，撬动社会配套资金

6498 万元。[①]

在公益创投领域，广州市通过整合多方资源，打造出慈善事业发展领域政府、慈善会（基金会）、创投主体、社会公众四方共创共投、共建共享、协同善治的“广州模式”。为激发社会组织的创新能力，对于 2019 年广州市第六届社会组织公益创投活动，政府除给予资金支持外，不对自筹金额设上限，以有效动员创投主体充分发挥作用，撬动慈善资源。

2018 年，《广州市人民政府办公厅关于印发广州市激发社会组织创新能力实施办法的通知》（穗府办规〔2018〕19 号）发布。该通知明确规定：社会组织是社会创新主体之一，也是创新驱动发展战略实施的主体之一，符合条件的可以按照规定平等享受与其他创新主体同等的扶持优惠政策。该通知也进一步明确广州市民政局负责每年组织实施全市性社会组织公益创投活动，对社会组织设计申报的遵循扶老、助残、救孤、济困宗旨，创新性高、可行性强、社会效益好、与政府目标契合的公益性服务项目予以资金资助。

（三）创新监督体制

1. 落实政府部门依法监督工作

2017 年，为杜绝违规的慈善公开募捐活动的出现，进一步加强慈善公开募捐监管工作，广州市印发《关于进一步加强慈善公开募捐监管工作的通知》，要求相关单位主动加强慈善公开募捐活动监管，严格按照《慈善法》及其配套文件的各项规定，指导慈善组织等依法依规地开展慈善公开募捐活动，坚决打击利用慈善之名开展的违法活动。

2. 加强内部自治监督

广州市印发一系列法律法规及规范性文件，引导慈善组织做好内部管理监督工作。《广州市募捐条例》明确募捐信息公开制度，从法律法规的层面强制募捐信息公开，大大提高了募捐的透明度，保障社会公众的知情权，同

① 《【媒体关注】创“慈善之城”两年，广州形成慈善共建新格局》，广州市民政局网站，2019 年 5 月 17 日，http://www.gzmz.gov.cn/gzsmzj/gzdtyw/201905/822fb04a6e1a4aba8a2acc4e416ba14a.shtml。

时接受公众的监督，真正做到“阳光募捐”。

《广州市社会组织管理办法》强调政社分开，规定现任公务员一般不得兼职社会组织职务，定期编制本级政府向社会组织转移职能目录，向社会公布，并规定信息公开制度，包括社会组织内部信息、捐赠和资助信息等，这有利于促进社会组织诚信自律，此外，该办法要求社会组织实行年度报告制度，社会组织分类评估制度。

《广州市社会组织公益创投项目管理办法》规定公益创投项目承办单位督促获选项目的实施团队按季报送项目实施情况，并定期派遣工作人员，对项目进行监督和评估。承办单位负责以适当方式向社会公众公开相关信息。同时，在项目实施过程中承办单位应主动接受财政、审计、民政等部门的指导、检查和监督。

3. 推广第三方监督

2013 年，广州市在全国率先成立了第三方慈善组织社会专业监督机构——广州市慈善组织社会监督委员会，由不同界别的专业人士组成，独立制定和实施年度工作计划，对慈善组织、慈善项目和承接政府购买服务的社会机构进行监督，提出监督意见，并在广州慈善网上公布监督报告，指导公益慈善组织规范管理，助力慈善组织不断完善内部建设。2016 年，广州市慈善组织社会监督委员会联合广州注册会计师协会创新发布《广州市慈善组织监督审计指引》，为慈善组织和社会相关审计机构从事审计监督活动提供明确指引。

4. 打造社会广泛监督体系

为落实市政府关于慈善事业发展的实施意见，2017 年广州市民政局印发了《关于深化“羊城慈善为民”行动创建全国“慈善之城”之“尽善净行”工作方案》，启动“慈善之城尽善净行”行动，目的就是推动形成“尽己所能、人人慈善，公开透明、干净行善”的城市慈善发展环境，提出以政府执法为保障，开展“清风促善行”专项行动；以社会监督为核心，擦亮社会专业监督“第三只眼”；以社会力量为主体，打造广州慈善“公众开放日”品牌；以内部治理为基础，实施“固本强基”品牌战略；以廉洁慈善为目标，打造公开易及的慈善“集善地”的五项核心任务。

2018 年，在广州市民政局的指导下，广州市公益慈善联合会、广州市慈善组织社会监督委员会结合国内外前沿理论和经验，率先研发了全国首个区域慈善指数和具有新时代广州特色的慈善组织透明度评价体系。区域慈善指数遵循尊重规范、以评促建、引领行业、可操作性和社会创新五大原则，由 6 个一级指标、16 个二级指标、55 个三级指标构成，从慈善活动力、慈善组织力、慈善贡献力、慈善影响力、慈善透明力、慈善发展力 6 个维度评价全市各区域的慈善事业发展情况，并对 55 个指标赋予了权重分值，通过统计学公式，得出综合评估结果。广州市通过慈善组织透明度评价排行榜，促进慈善组织规范化运作，提升行业自律自治水平。

（四）创新和完善各项慈善事业发展制度

1. 创新剩余财产处理制度

由于募捐财产只能按照募捐的目的使用，而实践中出现剩余募捐财产没法处理的情况，为了解决这个问题，《广州市募捐条例》设计了一套剩余财产处理制度，这是全国首创的制度。该条例第八条就明确规定，募捐组织申请募捐许可所提交的材料之一的募捐方案必须包括剩余募捐财产的处理办法，若民政部门发现募捐财产数额目标之和明显超出实际需要的，募捐组织要修改募捐方案。此外，在募捐完成后，该条例第二十七条还规定：募捐财产按照募捐方案或者与捐赠人的约定使用后有剩余的，募捐组织应当按照募捐方案的规定使用剩余募捐财产，其用途应当与原募捐目的性质相同。与捐赠人有特殊约定的，按照约定处理。

2. 制定公益创投项目管理办法规范开展慈善活动

《广州市社会组织公益创投项目管理办法》的出台，推动形成了一批慈善创新项目。该办法要求公益创投项目征集由市民政局会同承办单位通过媒体宣传和社区动员等形式，公开向社会征集公益项目，将公益创投项目需求在“广州市政府采购网”进行公示，扩大公益创投活动的影响力，同时在项目实施过程中，通过广州市民政局公众网、广州社会组织信息网等载体对项目进行宣传推介，并积极与新闻媒体联系，广泛宣传公益慈善理念，激活各界参与热情，放大创投社会效应，营造全民公益氛围。

3. 创新重大事项报告工作制度

2015 年，广州市出台《广州市社会组织重大事项报告工作指引》，该指引规定基金会、公益性慈善组织面向公众开展募捐活动，应向相关部门报告，有利于规范对广州市社会组织重大事项的管理，推动社会组织重大事项报告的科学化与规范化，提高社会组织的公开透明度，增强公众的信任感，推动慈善事业的发展。

三 对策建议

近年来，广州市深入贯彻落实国家、广东省关于慈善事业方面的法律法规及规范性文件，结合本市实际，制定了一系列推动慈善事业发展的法规及规范性文件，取得了一定的成绩，但也存在一些挑战。如缺少统领性地方立法，目前施行的《广州市募捐条例》适用范围比《慈善法》小；对慈善实践中的好经验、好做法，如慈善标志、慈善地标建设、慈善领域募用分离制度等，没有相应的规范性文件予以固化。

目前，广州市正在加紧在慈善事业方面的立法，“广州市慈善条例”也在征求专家和行政相对人的意见。建议广州市的慈善立法可在以下方面有所突破。

（一）经费有保障，信息可共享

慈善事业发展经费得到保障是慈善事业发展的必要条件，广州市重视慈善事业需要明确规定各级人民政府应当将慈善事业纳入国民经济和社会发展规划，制定慈善事业发展的政策和措施，将实施《中华人民共和国慈善法》所必需的经费纳入同级财政预算，在财政的角度保障经费的落实。

信息孤岛现象是慈善事业发展的障碍，建立信息共享协调机制是发展慈善事业的有效方法，建议广州市政府有关部门会在各自职责范围内做好协调工作，民政部门与相关部门建立慈善信息共享机制和慈善工作协调机制，大力开展慈善活动。

（二）进一步完善募捐和捐赠制度

募捐和捐赠是慈善资源取得的重要方式，广州市在慈善募捐方面已经进行了诸多探索，但相关制度实施还存在漏洞。

一是规范联合募捐行为，目前募捐领域存在问题较多的是联合募捐行为，因此要求具备公开募捐资格的慈善组织与不具备公开募捐资格的组织或个人合作开展募捐活动时须签订书面协议，明确双方的权利义务，出现争议时，按照相关约定解决。

二是募捐资格退出机制。《慈善法》明确规定了慈善组织如何取得公开募捐资格，但未明确当已取得公开募捐资格的慈善组织在不符合公开募捐条件或者不想保留公开募捐资格时如何办理募捐资格的退出，以及退出资格后，相关财产如何处理等问题都会在相关法规中予以明确。

三是捐赠协议规范化，目前法律法规要求捐赠人与慈善组织捐赠时要签订书面捐赠协议，但未明确书面捐赠协议的内容，未来广州可能会推出捐赠协议的范本，书面捐赠协议须明确捐赠人和接受捐赠方名称、捐赠财产的种类、数量或金额、质量、用途、交付时间、捐赠财产使用计划、实施项目和剩余财产处理等内容，约定双方的权利和义务等内容。

四是完善各项捐赠制度，如经营性捐赠应在举办活动前与接受捐赠方签订书面捐赠协议，并在活动结束后向社会公开捐赠情况及款物使用情况；遗产捐赠建议签订书面协议，设置遗赠监督人；冠名捐赠应引导捐赠人与受益人签订书面协议，对捐赠人和受益人基本的权利义务作出明确约定等。

（三）进一步加强监督机制

监督在保障慈善事业健康、可持续发展中具有重要作用。建议广州在慈善监督方面加大制度建设。一是建议在地方立法中完善执法制度，二是建立健全第三方监测评价机制，完善慈善组织评估制度。建立以政府监管为基础，构建一个包括第三方评估、行业自律、社会举报等立体化的社会监管机制，加强对慈善组织的财产、内部活动、内部治理、信息公开的监督。

B.9

广州媒体慈善报道方法研究

——以2018年广州6家媒体报道为例

汪棹桴　汪祥波　李　强*

摘　要： 近年来，广州公益慈善事业加快发展，在完善现代慈善事业、打造“慈善之城”、整合公益慈善资源等方面取得显著成效。在这一过程中，新闻媒体发挥了重要作用。媒体利用自身平台优势报道慈善事件，并与公益慈善组织合作，以多种形式参与公益慈善。本文试图通过对2018年广州6家媒体慈善报道的梳理分析，并结合典型个案，厘清广州媒体在公益慈善领域的报道方法，分析其在扩大报道影响力等方面的尝试。研究发现，广州媒体在操作慈善报道时，多以正面报道为主，注重挖掘细节，媒体逐渐从单一的慈善报道者成为多元的慈善参与者。

关键词： 慈善　报道方法　广州

一　引言

近年来，随着社会发展，公众对公益慈善的了解度、认可度、参与度逐渐提高，从多样化的慈善组织到形式多样的慈善活动，公益慈善已成为弘扬

* 汪棹桴，南方日报社时政新闻部社会治理工作室记者；汪祥波，南方日报社时政新闻部社会治理工作室记者；李强，南方日报社时政新闻部社会治理工作室记者。

互帮互助风气、传播社会正能量的有效途径，在帮扶困难群体、化解社会矛盾、推动社会和谐发展等方面发挥着重要作用。就广州而言，广州公益慈善事业经过多年发展，在建立健全现代慈善事业制度、打造“慈善之城”、整合公益慈善资源等方面已取得显著成效。

在广州公益慈善事业发展的过程中，离不开新闻媒体的宣传报道。一方面，媒体报道慈善活动，宣传慈善先进事迹，有利于扩大慈善活动的影响力，弘扬向善向上的精神风貌，传递社会正能量；另一方面，媒体通过新闻报道，积极履行社会监督职能，有助于净化慈善领域风气，推动慈善事业规范透明运行，促进慈善事业健康持续发展。对于媒体来说，公益慈善报道同样有着重要意义，通过公益慈善事业的宣传报道，媒体能够树立自身品牌，提升影响力。因而，研究媒体的公益慈善报道，不仅可以厘清媒体在公益慈善领域的传播策略，为创新公益慈善报道提供一定的思考，对推动媒体融合发展也能起到一定的借鉴意义。

本报告借助专业数据挖掘工具，对《南方日报》《羊城晚报》《广州日报》《南方都市报》《信息时报》《新快报》等6家媒体2018年的公益慈善报道进行搜集整理，通过内容分析、个案分析等方法，梳理2018年广州媒体在公益慈善领域的报道策略，分析报道传播效果，以期为创新公益慈善报道、推动广州慈善事业发展提供参考，助力广州创建“慈善之城”。

二　广州慈善报道方法分析

何为慈善报道？顾名思义，慈善报道是指新闻媒介对慈善活动和慈善公益行为的报道，既包含对捐助、运营和监管等慈善主体的报道，也包含对弱势群体等慈善客体的报道。[①] 笔者利用专业数据挖掘工具，以“广州”和“慈善”为关键词，对2018年广州地区6家报纸的新闻报道进行检索，共

① 李妮：《我国慈善报道与和谐社会的构建》，南京师范大学硕士学位论文，2008，第12页。

得到1549条相关报道。通过对这些报道的梳理分析，笔者发现，这些报道存在以下特点。

（一）围绕主题主线开展正面报道

从报道倾向来看，2018年广州地区的慈善报道以正面报道为主，报道内容主要为介绍慈善领域相关活动内容、工作成绩。

例如，《广州日报》发表的《广州：请叫我“慈善之城”》（2018年2月8日）一文，就是在广州市民政局和广州市文明办共同出台《广州市深化“羊城慈善为民”行动创建“慈善之城”2018年工作方案》后，结合具体案例，采访相关专家学者和广州市民政局工作人员，详细介绍了广州是如何创建“慈善之城”的。稿件3个小标题分别为“政府领导创新　深化‘羊城慈善为民’”“社会组织风景线　激发民间慈善活力”“创建‘慈善之城’广州撸起袖子加油干”。从小标题选用上就可以发现，这篇文章对广州市创建“慈善之城”的工作持肯定态度。

此外，在导语及文章结尾等位置的语句使用上，该文作者鲜明地表达了自己的观点，如导语“这座向来以开放包容著称的城市，揭开了慈善软实力的面纱”，结尾“走过百年慈善历程的广州，正计划‘凝聚全市慈善组织和社会公众之力，释放民间慈善资源和活力，提升广州现代慈善事业发展水平’”等，通过总结评论，展现广州慈善事业的发展成绩。

又如《南方日报》发表的《助力精准扶贫，弘扬慈善文化》（2018年6月29日）一文，详细介绍了广东省近年来广泛发动企业、社会组织，关注贫困问题、关爱贫困人口、关心扶贫工作，在贫困村经济建设、改善农村生产生活环境、助学兴教等方面取得了良好成效，营造了全民慈善的社会氛围。从文章主标题“助力精准扶贫，弘扬慈善文化”及4个小标题“搭起‘幸福桥’解决村民最迫切需求”“爱心传递　弘扬慈善文化”“发挥自身优势　守护相对贫困人口健康”“助学兴教　阻断贫困代际传递”可以看出，该文对广东省慈善事业在推动社会发展、营造和谐氛围等方面给予了充分肯定。

该文还列举了深圳祥祺集团、深圳市同心慈善基金会、深圳市海王集团股份有限公司、时代中国控股有限公司4家社会组织及企业近年来在扶贫方面取得的成就，使用了“采购质优价廉的药品”“急村民之所急”等褒义语句，整体呈积极向上基调。

除了占据多数的正面报道外，2018年广州地区慈善报道中也有少量监督报道，监督报道以案件类新闻为主，如《南方日报》发表的《假借慈善之名敛财逾10亿元》（2018年5月16日），在2018年广东警方开展打击和防范经济犯罪宣传日活动之际，对2017年警方破获的几起假借“慈善爱心”之名，实则进行传销诈骗的经济犯罪案件进行了梳理报道。

（二）突出细节注重文本可读性

在报道风格上，2018年涉广州地区慈善报道，尤其是深度报道，细节刻画到位，采访对象众多，文章可读性强。

如《南方日报》发表的《“工业一哥”的温情“底色”》（2018年7月19日）一文，讲述了广州市黄埔区、广州开发区推进“幸福养老”的相关工作举措及成绩，报道推出后，产生了较大影响力，众多媒体纷纷转发。该文采访对象超过10人，包括社区义工、政府工作人员、养老机构负责人、医生、专家学者以及老年人代表等多个群体，基本涵盖了养老体系建设中的各类群体。

该文全面梳理了广州市黄埔区、广州开发区的养老体系建设，不仅有黄埔区民政局相关负责人从制度建设层面进行系统介绍，还有参与养老体系建设的社工、作为受助者的老年人代表等讲述切身体验，以及专家学者从专业角度对相关养老机制进行点评。文章点面结合，采访扎实深入，全面细致介绍了广州市黄埔区、广州开发区推进“幸福养老”的相关举措及工作成绩。

此外，文章语言形象生动，如“‘今天中午有两道肉菜、一道素菜，还配有一个面包，很丰富，而且每天菜式都不一样的’”，通过介绍爱心午餐的菜品，为读者展现了丰富细节。又如，“对于养老工作的开展，陈劲松的看法是应避免政府部门的‘单相思’”，巧用“单相思”一词，表述生动，点明养老工作需要多方共同推进。

而《羊城晚报》发表的《香港慈善家、“中国百校之父”田家炳辞世一生捐助 323 所学校》（2018 年 7 月 11 日）一文，讲述了著名慈善家田家炳先生的故事，文章同样叙述生动、描写细腻感人。

文章开头引用田家炳的话："我最高兴是见到，每个小朋友都有教育的机会，年轻人发挥所长，教不倦、学不厌，我们社会才会有希望。凭良心做人，问心无愧，如果能做到这样，就是快乐的最高标准。自己只是人世间一粒小小的尘土。"通过简单几句话，让读者对田家炳的高尚人格有了初步的了解，随后又对田家炳的生平做了简要介绍。作为广东媒体，该文还巧妙选取了田家炳对于广东教育事业发展的支持与帮助措施，包括兴建华南师范大学教育书院、建设医学院田家炳医学实验中心等，实现了报道的广东落地。

除此之外，文章通过采访几位亲身接触过田家炳先生的人，从侧面还原了这位著名慈善家的高洁品格，比如，"那天台下气氛很热烈专注，要求提问的人越来越多，称呼也从田先生变成'田爷爷'"，"他却自封为'一尘老人'。他说，自己只是人世间一粒小小的尘土"，这类话语生动感人，刻画出田家炳一生致力于慈善事业、服务社会的形象。

（三）动态为主兼具深度呈现

从报道题材来看，2018 年广州地区的公益慈善报道，以慈善活动、相关会议类的动态消息为主。这一类型的报道往往针对某一场特定活动或会议，选取读者最关心的新闻点，及时推出报道。此外，在常规的动态报道外，6 份报纸也采写了一定篇幅的深度报道。深度报道强调"深度"和"广度"，往往针对某一事件或主题，通过连续报道、系列报道或组合报道，多角度呈现，透过新闻事件探求本质，从社会背景中寻求解释，"以今日之事态，核对昨日之背景，阐述明日之意义"①。随着新媒体的发展，纸媒在发布即时消息上已不具有优势，浅层次阅读已不能满足受众需求。有学者认为，深度报道是传统媒体应对冲击的有力武器，"传统媒体必须寻求突围，

① 薛国林、彭雪蕾：《深度报道为何没有深度——从新闻专业主义看当前深度报道的不良倾向》，《新闻与写作》2013 年第 8 期，第 23 页。

而公认的突围方法就是凸显纸媒的优势，即在‘深度’上做文章”[①]。

在慈善报道领域，广州媒体交出了多篇有深度、有态度的深度报道。2018年，《羊城晚报》在公益创投领域持续发力，推出多篇报道，从不同侧面向读者介绍了第五届广州市社会组织公益创投活动，包括《“品牌”项目和“吸金”项目是怎样炼成的?》《1000万“种子资金”撑为老服务》《广州首届志愿服务公益创投来啦》《广州首届志愿服务公益创投落地》等稿件。其中，《“品牌”项目和“吸金”项目是怎样炼成的?》一文在2018年年初推出，对第四届广州市社会组织公益创投活动进行了梳理总结，并通过一系列数据，直观展示了第四届广州市社会组织公益创投活动的成效。此后一年时间里，记者持续关注公益创投活动，包括广州市为老服务专项公益创投活动、玫瑰公益创投项目，以及广州首届志愿服务公益创投等细分领域，全年多波次传播了公益创投这一活动，形成了报道声势，扩大了影响力。

而《南方日报》则在2018年持续关注广州社工这一群体，在12月17日至19日连续3天推出了“广州社工新探索”系列报道，围绕社工党建引领、“113X”社工服务模式、广州社工发展经验、未来方向等话题，撰写了3篇深度报道，包括《广州打造社工发展新引擎　党建引领社工服务高质量发展》《广州探索社工服务“113X”模式，构建全方位服务体系专业社工服务更精准精细》《广州将出台社工人才激励政策，建立社会工作服务项目库将有更多社工下沉社区服务居民》等，聚焦广州社工10年发展，探索广州社工发展之路。记者深入基层社区，走进花都区狮岭镇、海珠区沙园街道、从化区街口街、荔湾区逢源街等多地社区街道，实地了解社工在参与社区建设方面发挥的作用，获取了大量一手材料，系列报道采写扎实、条理清晰、逻辑严密。此外，系列报道紧扣2018年中国社会工作广州研讨会举行这一时间节点，报道推出后，受到与会者广泛关注和好评，充分展现了广州社工10年来的发展成就。

---

① 李芳、张超：《论深度报道的理念创新——以〈南方周末〉“肉感写作”为例》，《当代传播》2010年第1期，第98页。

（四）关注困难群体彰显媒体担当

从报道对象来看，2018 年 6 家媒体的慈善报道涌现出大量关注困难群体的暖心新闻，记者注重挖掘身边故事，反映困难群体遇到的困难，呼吁社会伸出援助之手。通过媒体的公开报道，部分困难群体得到了有效帮助，凸显了媒体的社会责任与担当。

例如，《广州日报》发表的《暖男丈夫突患脑病　妻子停工苦撑照顾》（2018 年 8 月 13 日）一文，讲述了广州白云区 40 岁的余栋森，因患脑膜瘤导致一家人生活陷入困境的故事，其治疗已花费 60 余万元，医保超出重大疾病最高限额，仍需进一步手术治疗。又如，《广州日报》发表的《15 岁少年患重病　哥哥捐骨髓救弟》（2018 年 8 月 6 日）讲述了 15 岁少年王晓伟的故事，他患有重型再生障碍性贫血，与哥哥骨髓配型半相合，移植手术在即，但手术费用仍有 20 万 ~ 30 万元的缺口。再如，《信息时报》采写的《“妈妈，我想回学校上学”》（2018 年 8 月 12 日）稿件，讲述了 11 岁小女孩小曼患白血病需要治疗，进行移植手术需要的 30 万元押金却无处筹措。此类报道主要是记者从各种渠道获得新闻线索后，前往采访这些困难群体，撰写新闻稿件，呼吁社会爱心人士提供力所能及的帮助。由于媒体具有较强的社会影响力，通过新闻报道，困难群体的故事得以被更多读者关注，有助于其获得社会各界的帮扶。

此外，部分媒体还积极链接社会爱心资源，在报纸上开设相关专栏，如《广州日报》开设了“广爱同行”栏目，《信息时报》开设了“爱心档案”栏目，这些栏目定期刊发困难群体急需帮助的故事，呼吁社会爱心人士给予帮助，体现了媒体的社会责任。

三　媒体多渠道参与公益慈善

媒体作为推动慈善事业发展的重要力量，不仅通过自身平台多角度报道公益慈善事件，还与公益慈善单位、组织合作，通过开辟公益专栏，开展筹款活动等方式，多渠道参与公益慈善事业。这种全方位的参与模式有助于形成以媒体为纽带，集捐助者、公益慈善组织和受助者于一体的公益慈善运作机制。

笔者在研究广州地区媒体慈善报道时发现，近年来，不少媒体从单纯的宣传报道逐渐转为深度参与到慈善事件中，不再单一“劝善”，而是从报道者转变为参与者。身份的转换，使媒体能更好地发挥自身特点，倡导、推广公益慈善。

其中，不少媒体采用与基金会合作的形式设立了专项基金，以此开展各类慈善活动。比如，广州日报社发起设立了“广州日报广爱慈善基金”，该专项基金由广州日报社和广州市慈善会共同管理。据该基金网站介绍，其设立目的在于以媒体的公信力为根基，以媒体的传播力为渠道，搭建起一个公正、透明、诚信的爱心平台，让社会各界的爱心资金能在此聚沙成塔，扶危济困，见难相助，从而真正实现“让更多的人帮助更多的人”这一宗旨。

又如，《信息时报》与广州市慈善会成立“信息时报爱心慈善金”，并在《信息时报》开设专栏《爱心档案》，专门刊登困难家庭的故事，呼吁社会各界为困难家庭捐款。针对《爱心档案》的每户困难家庭，给予300元资助。

梳理类似案例，不难发现，媒体多选择直接向有公募资格的基金会捐赠或与其合作设立慈善捐助项目。通过这样的方式，可以解决媒体发起公开募捐的合法性问题，也可以解决媒体从事慈善活动的持续性问题。相关部门对设立基金会及取得公开募捐资格都有明确规定，审批较为严格。媒体要想深度参与慈善事业，直接设立基金会具有较高门槛，通过与基金会合作的形式切入，不失为一种选择。

除设立基金会这一形式外，不少媒体也选择组织公益慈善活动。比如，《南方都市报》发起了“南都留守儿童圆梦行动”，每年暑期举办留守儿童圆梦行动，并先后增加了留守儿童合唱团音乐会、留守儿童高峰论坛等活动，不断丰富活动形式，活动影响力逐年提高，打造了慈善品牌，在全社会营造了关心关爱留守儿童的浓厚氛围。

近年来，越来越多的媒体参与到公益慈善活动中，笔者认为主要有以下原因。第一，新闻媒体具有较高的社会公信力，长期以来积累了一大批受众，慈善活动利用媒体的宣传报道，能够增强宣传露出，扩大影响力。第二，媒体作为社会公器，起到传递社会百态，引导社会舆论的作用。宣传报道公益慈善事件，有利于引导更多公众参与慈善，体现了媒体的责任担当。同时，媒体对公益慈善活动的报道和参与，有助于树立品牌，增强新闻舆论传播力、引导力、影响力、公信力。

四　创新报道形式注重媒体融合

随着互联网的发展，一个融传统媒体与新兴媒体、融传媒与受众互动于一体的“融媒体”时代已经到来，舆论生态、媒体格局、传播方式发生深刻变化，新闻报道面临新的挑战。在媒体融合趋势下，媒体也在自我革新，不断创新报道形式，推出了诸多叫好叫座的融媒体产品。在慈善报道领域，广州多家媒体也持续发力，陆续推出了一系列全媒体报道产品，其中以《南方日报》在 2018 年 6 至 8 月推出的“宝贝回家”全媒体报道为代表。本报告以“宝贝回家”为个案，试图分析全媒体时代，主流媒体如何创新报道形式，提高报道影响力。

“宝贝回家”全媒体报道以《瞬间泪目！寻亲路漫漫，孩子们用这首歌唱哭所有人》《寻亲独白》等短视频作品为主打，讲述广东救助流浪少年儿童的暖心故事。报道推出后，创新传播模式，形成多波次传播热潮，取得良好社会效应。

（一）紧扣重要节点，聚焦热点关切

救助流浪少年儿童，是各级党委政府和人民群众高度关注的社会问题。该系列公益短视频紧紧围绕这一热点关切，扣准“6·30 广东扶贫济困日”的重要节点，讲述流浪少年儿童在党和政府的帮助下成功寻亲的暖心故事。6 月 28 日推出的开篇短视频《瞬间泪目！寻亲路漫漫，孩子们用这首歌唱哭所有人》，组织获救助的流浪少年儿童走进专业录音棚，共唱公益歌曲

《最好的未来》，唱响关爱流浪少年儿童的主题，扣人心弦。6月29日至7月6日推出的4集短视频《王世军，你可曾有过一个离家出走的女儿叫“王林”？她在找你》《令人心酸！兄弟流浪街头吃芒果充饥，当初离家出走只为找妈妈》《儿子走丢，父亲入狱，4年后儿子在监狱找到父亲》《离家5年、听不懂的家乡话、陌生的父亲，这个男孩何去何从?》，再现了民政和公安部门齐心协力共同帮助流浪少年儿童寻亲的故事。

（二）深入基层一线，挖掘救助故事

从策划、采写、制作到推出，“宝贝回家”系列公益短视频历时4个多月。其间，采编团队密切跟进省民政厅、省少年儿童救助保护中心和地方公安等部门的工作，跟踪报道寻亲过程。比如，早在3月27日，即已介入采访一对流浪兄弟小龙、小虎，与他们多次深入交流，挖掘寻亲线索，并成功帮助他们找到在东莞黄江镇打工的父亲。再如，从4月2日起，介入采访女孩王林的寻亲故事，与寻亲小组多次深入各相关部门挖掘寻亲线索，并最终在当地公安部门的帮助下寻找到当年王林走失的地方东莞厚街镇三屯社区，唤醒其童年记忆，助其继续寻找父亲。又如，从4月20日起，介入男孩小明的寻亲进程，与工作人员多次到肇庆市封开县，在当地公安的帮助下查阅各种资料线索，最终将小明送回到封开县南丰镇老家，与失散5年的父亲团聚。

（三）创新传播模式，形成多波次传播热潮

6月28日，系列公益短视频在“南方+”客户端首发，形成第一波传播热潮。6月29日，从寻亲女孩王林的感人故事切入，在《南方日报》发出报道《希望爸爸妈妈来找我》，后来又多次跟进报道流浪少年儿童的寻亲之旅；系列报道在南方报业传媒集团各媒体和新媒体平台推出，省内外重点新闻网站和新媒体平台纷纷转发，国内数十家门户新闻网站和新媒体平台也纷纷转发，形成第二波传播热潮。6月30日至7月2日，南方报业传媒集团联合广东移动、广东联通、广东电信三大通信运营商陆续以公益短信形式

向广东省珠三角城市主流手机用户推送“宝贝回家”系列公益短视频，形成第三波传播热潮。7月7日至8月7日，集团联合广州地铁在地铁各站厅、站台和列车电视上每天循环播出该系列公益短视频，进一步传播社会正能量，形成第四波传播热潮。

五　广州慈善报道相关改进建议

当前，传媒格局发生深刻变化，为进一步提升广州慈善报道的影响力，现提出以下建议。

第一，更加聚焦群众身边的慈善。在我国，公益慈善事业由政府主导，媒体对慈善事业的报道也较多关注政府方面。不可忽视的是，各类公益慈善组织和志愿者在推动公益事业发展方面也发挥着重要作用。为提高公众参与慈善的积极性，媒体可将目光更多地聚焦于慈善组织和爱心人士，讲述身边人的慈善故事，营造人人参与慈善的氛围。

第二，策划更多融媒产品。技术进步推动新媒体快速发展，数字报刊、数字电视、移动手机客户端等新媒体得到广泛应用。如今，新闻报道已不再局限于文字这一形式，图文报道、视频报道早已成为媒体标配，人们获取新闻信息的渠道也日渐多样化。对慈善报道而言，想在碎片化阅读时代赢得关注，需要通过理念、内容、形式、方法、手段等创新，策划更多有社会影响力的融媒产品。

第三，提高监督报道分量。《慈善法》明确规定，国家鼓励公众、媒体对慈善活动进行监督，对假借慈善名义或者假冒慈善组织骗取财产以及慈善组织、慈善信托的违法违规行为予以曝光，发挥舆论和社会监督作用。在做好正面宣传报道的同时，也应敢于亮剑，激浊扬清。监督报道不是一味地批评，更多地是从建设性角度出发，探讨推动问题解决的切实措施。

第四，注重传播慈善理念。随着社会发展，公众对慈善事业的关注度也逐渐提升。然而，公众对慈善文化内涵的理解并不清晰，慈善、慈善组织、慈善救助等概念尚未形成社会广泛认可的共识。慈善不仅包括捐钱捐物等物质帮扶，还包括心理辅导、探访慰问、学习培训等精神帮扶，涉及教育、环境、医疗、交通等多个领域，与人们的日常生活息息相关。当前，公众对慈善的认知程度仍处于较低层面，需要媒体进一步加强对慈善文化的宣传，向公众普及慈善文化，让慈善文化理念真正融入公众的日常生活。

地区发展篇

Regional Reports

B.10

广州市黄埔区慈善会的实践与探索

广州市黄埔区民政局　广州市黄埔区慈善会*

摘　要： 成立于2005年的广州市黄埔区慈善会是黄埔区辖内运作时间最长、规章制度最为完备和社会影响力最大的慈善组织。从该慈善会的发展历史中可以探寻黄埔区慈善事业的发展轨迹。慈善会在日常救助工作的规范、慈善项目的运作、慈善文化的推广等方面都进行了很多有益的探索。在新的发展形势下，总结和分析黄埔区慈善会的发展经验，对于推进黄埔区乃至整个广州市慈善事业的发展，有着积极的意义。

关键词： 黄埔区　慈善会　慈善项目　慈善文化

---

* 广州市黄埔区民政局，广州市黄埔区人民政府职能部门；广州市黄埔区慈善会，非营利公益社会团体。

一　黄埔区慈善会发展概述

以黄埔区和萝岗区合并为分界，黄埔区慈善会的发展分为前、后两个阶段。前一阶段是黄埔区慈善会、萝岗区慈善会各自独立发展的阶段，而后一阶段则是原两区慈善会合并形成的新黄埔区慈善会发展的时期。

原黄埔区慈善会的历史，可以追溯到20世纪90年代。1995年4月8日，黄埔区政府成立黄埔区慈善会筹备组，由分管民政工作的副区长任组长，区委办、民政局等18家单位为成员单位。6月29日，召开筹备组全体成员会议，制定《广州市黄埔区慈善会章程》。7月25日，召开首次黄埔地区慈善工作座谈会。后来由于诸多原因，慈善工作没有正常开展，因此黄埔区慈善会推迟到2005年12月21日才正式成立。到了2007年12月，黄埔区慈善会召开第一届理事会会议，通过理事会及常务理事人选、章程、财务管理办法、救助办法等。

黄埔区慈善会的成立，揭开了黄埔区慈善事业发展的新篇章。从成立之初，黄埔区慈善会就以“发展慈善事业，增强慈善意识”为己任，扎实有效地开展各项慈善活动。截至2012年4月26日，黄埔区慈善会共接受社会各界捐款7167.67万元，物品49.14万件；支出4912.16万元，物品40多万件，主要用于韶关冰灾、丰顺洪灾、2008年雪灾、5·12汶川特大地震和青海玉树地震等救灾工作以及对广西百色、梅州等贫困山区、本区困难群众的扶贫济困、慈善救助工作。通过开展扶贫赈灾募捐工作、加大对贫困地区的支援力度，黄埔区慈善会进一步彰显了慈善的救助品牌形象，产生了较好的社会反响。

原萝岗区慈善会成立于2007年。2007年4月，原萝岗区慈善会召开成立大会，通过理事会及常务理事、会长、常务副会长、副会长、秘书长、副秘书长人选，以及章程、财务管理办法、救助办法等。2008年7月，萝岗区慈善会召开第一届理事会第二次会议，审议了2007年度慈善工作报告，审议并通过了财务管理办法修订案及部分理事会人员调整名单。2012

年 11 月，召开第二届理事会换届选举大会，选举产生了新一届理事、常务理事、会长、常务副会长、副会长、秘书长、副秘书长，梁正华副区长当选会长，区社区管理局李雄慧局长当选常务副会长。大会审议通过了第一届理事会工作报告、财务报告以及新修订的章程、财务管理办法、救助管理办法等。

萝岗区慈善会成立以后，认真贯彻区委、区政府的决策部署，立足本职，周密安排，扎实推进，取得了较好的工作成效。一方面，扎实开展各种日常救助工作，严格按照既定的规章制度，做好医疗救助金、应急救助金与临时性救助金的发放工作。另一方面，开展各种类型的慈善救助活动，积极组织“长者饭堂·爱心餐”项目和“爱心愿望卡”公益认领活动等一批贴近百姓生活的慈善项目，推动慈善发展模式从传统的单一救助模式向项目化、多元化和品牌化慈善服务模式转变。此外，从 2013 年开始，积极参与广州市慈善项目推介会，借助该推介平台大力宣传，扩大萝岗区慈善会的影响力。

2015 年，广州市部分行政区划优化调整，撤销原黄埔区、原萝岗区。当年 9 月，成立新黄埔区。次年 3 月，新黄埔区慈善会召开第一届会员代表大会，审议通过《广州市黄埔区慈善会章程（草案）》《广州市黄埔区慈善会财务管理办法（草案）》《广州市黄埔区慈善会救助管理办法（草案）》《广州市黄埔区慈善会定向捐赠管理办法（草案）》，并选举产生了新黄埔区慈善会第一届理事会成员，顺利完成了原黄埔区慈善会与原萝岗区慈善会业务合并及工作衔接。

新成立的黄埔区慈善会以团结各界热心慈善事业人士、发扬人道主义精神、扶贫济困、见难相助、帮助生活困难的人士、促进社会和谐发展为宗旨，积极倡导慈善意识，努力开拓慈善服务领域，广泛动员社会力量，多方筹措慈善资金，在帮助失学儿童、孤寡老人、病患群众、困难家庭等方面取得了显著成绩。先后获得省、市、区授予的 5A 级社会组织，优秀慈善团队，优秀慈善项目等荣誉。在社会经济高速发展、政府职能逐步转变、慈善事业蓬勃发展的今天，对黄埔区慈善会探索成果进行总结，将为黄埔区乃至广州市慈善事业的发展提供有益的经验。下文将从日常救助工作的规范、慈善项目的组织以及慈善文化的推广三个方面，对黄埔区慈善会的探索成果进行总结。

二 日常救助工作的规范

在原黄埔区与原萝岗区合并以前，黄埔区慈善会与萝岗区慈善会就已经出台了系列文件，对日常救助工作的开展进行规范。到新黄埔区慈善会成立之后，以《广州市慈善医疗救助和应急救助实施办法》[①] 为依据，结合本区实际，制定了《广州市黄埔区慈善会救助管理办法》（以下简称《管理办法》）。《管理办法》已于2016年经黄埔区慈善会第一届理事会表决通过，正式施行。

《管理办法》从救助种类、救助申报人群、救助申报资格、救助力度和救助金的审批和管理等五个方面，对区慈善会的日常救助工作进行规范。按照《管理办法》的规定，区慈善会日常救助工作的内容包括两大类，分别是慈善医疗救助和慈善应急救助。其中，慈善医疗救助是医疗保障体系的补充部分，是对申请人在享受了户籍地或现居住地社会医疗保险、新型农村合作医疗、政府医疗救助以及其他救助之后的补充救助。至于慈善应急救助，是对政府应急救济及其他专项应急救助的补充。

《管理办法》对两类救助的申报人群作出了明确的界定。可申请慈善医疗救助的群体主要有三类，分别是本区户籍人员、异地务工人员和外地户籍学生。其中，本区户籍人员向所在村（居）委会提出申请；异地务工人员向工作所在地街（镇）民政部门或由所在单位直接向区慈善会提出申请；外地户籍学生向所在学校提出申请。该办法对三类人群申请慈善医疗救助时所需提供的资料都作出了明确的规定。另外，接受慈善应急救助的群体也有

① 《广州市慈善医疗救助和应急救助实施办法》，广州市慈善会网站，2018年6月15日，http://www.gzcf.org/WebSite/ShowNews/509/535。

三类，分别是遭遇突发灾害或意外事故而导致家庭生活困难的人员、因家庭经济困难而导致筹措学费困难的本区户籍全日制大中专院校学生、因见义勇为而导致重伤的人员或身亡人员的家属、因公殉职（或致残）的国家机关工作人员及人民警察家庭。

在救助申请资格方面，《管理办法》规定，申请慈善医疗救助金的人员，必须符合两个方面的条件：一是在一个医疗保险年度内，在广州市区（镇）一级以上医院治疗疾病，在应享尽享了户籍地或现居住地社会医疗保险、新型农村合作医疗、政府医疗救助以及其他专项救助后，其自付的医疗费用还超过其家庭总收入60%或以上；二是家庭总资产值低于相同人数家庭总资产的规定上限。在制定这个总资产上限的时候，考虑到未成年人（16周岁或以下）或老年人（60岁或以上）大部分不赚取收入，部分老年人需依赖个人积蓄或退休金生活，所以有未成年人或老年人成员的家庭资产限额，比没有未成年人或老年人的家庭要高。

在救助的力度方面，《管理办法》规定，慈善医疗救助的申请者，由慈善医疗救助金支付其自付部分的80%，个人负担20%。每一救助对象在一个慈善医疗救助年度内不超过5万元。至于慈善应急救助的申请者，按申请人在本区共同生活的家庭人数，每人累计发放不超过灾害发生地3个月的城镇最低生活保障金，或按紧急情况一次性给予不超过30000元的救助金。如果是本区户籍全日制大中专院校学生可一次性给予不超过6000元的临时助学补助。

在救助金的审批和管理方面，《管理办法》规定，区慈善会在接到慈善医疗救助、慈善应急救助申请的全部材料后5个工作日内，应联络、约见申请人，或派人员了解申请人的情况，对申请救助对象进行评估，提出救助意见，根据不同救助金额，分别报区慈善会秘书长或会长审批。区慈善会在收到申请材料10个工作日作出同意或不同意救助的决定。同意救助的，在5个工作日内拨付救助款；不同意救助的，在3个工作日内书面告知申请人并退还申请资料。

《管理办法》进一步规范完善了救助金的申请与拨付，缓解了救助人群的经济困难。据统计，2016 年，全区慈善医疗救助项目救助 5 人次，救助金额为 19.04 万元；慈善应急救助项目救助 9 人次，救助金额为 8.949 万元。2017 年，慈善医疗救助共 5 人，慈善应急救助 3 人，合计救助金支出约 23.61 万元。到了 2018 年，慈善医疗救助共 8 人，慈善应急救助 4 人，支出救助金约 9.65 万元。

三 慈善项目实施经验

一个高水平、高质量的慈善项目，能够有效地调动各种社会资源，推动某些社会问题的解决。自 2016 年新黄埔区慈善会成立以来，除了扎实推进日常救助工作之外，区慈善会每年都将开展形式多样的慈善项目作为工作的重点之一，策划了很多具有巨大社会影响力的慈善项目。在区慈善会策划的众多慈善项目中，最具有社会品牌效应的当数“长者饭堂·爱心餐”项目。“长者饭堂·爱心餐”项目的策划与执行，旨在为该区户籍 60 岁以上困难长者和 80 岁以上高龄长者提供免费午餐，让符合条件的长者在中午能够享受到温暖午餐的同时，也能感受到服务人员的关爱和用心的服务。从 2016 年运作至今，该项目已成为捐赠者指定捐赠最多的品牌项目，多次被列入黄埔区“十件民生实事”。有关该项目的报道，也见诸省、市多家报纸。通过“长者饭堂·爱心餐”项目，区慈善会在慈善项目的策划方面积累了宝贵的经验。这些经验具体包括以下两个方面。

一是想老年人之所想，为他们提供最贴心的服务。“长者饭堂·爱心餐”项目之所以能产生如此巨大的社会效应，根本原因在于这个项目着实地满足了老年人和老年人家人的切身需求。对于老年人而言，该项目的实施，有力地解决了他们煮饭难、吃饭难的问题；对于老年人的家人而言，该项目的实施，也解决了他们工作与照顾老人无法兼顾的困境。截至 2016 年 12 月 31 日，全区登记在册就餐人数约 2300 人。到了 2017 年的 8 月 31 日，登记在册的就餐人数攀升至 5500 余人。而到了 2018 年底，登记在册的就餐人数达到了 6500 余人。不断增长的就餐人数，充分反映了人们对这一项目的支持与肯定。

二是基于募用分离机制，有效调动各种社会资源。2014 年 11 月 24 日，国务院出台《关于促进慈善事业健康发展指导意见》，其中明确提出“倡导募用分离，制定有关激励政策，支持在款物募集方面有优势的慈善组织将募得款物用于资助有服务专长的慈善组织运作项目”。到了 2016 年，广州市民政局印发开展慈善款物募用分离试点工作方案，明确提出募用分离将主要采取四种形式，包括协议委托、公益招投标、联合劝募和公益创投等。在相关政策的引领与指导下，黄埔区慈善会在“长者饭堂 · 爱心餐”项目的实施过程中，率先引入募用分离机制，以协议委托的形式展开。区慈善会与区居家养老服务示范中心、东区街日间托老服务中心、联和街日间托老服务中心、夏港街日间托老服务中心、九龙镇镇龙日间托老服务中心等服务型社会组织签订书面协议，明确项目名称、宗旨、受益对象人数及预期效果、资金来源及数额、执行（管理监督）单位、实施流程、项目评估以及向公众公开项目报告结果等 10 多项标准，再由各服务型组织按照标准稳步推进。募用分离机制的引入，有效调动了不同类型慈善组织的力量，从而确保了“长者饭堂 · 爱心餐”项目的顺利开展。

“长者饭堂 · 爱心餐”项目的顺利开展，是黄埔区慈善会在项目组织方面的一次成功实践。这一项目的成功开展，是区慈善会关切民生民情，并在相关政策的引领下敢于尝试新机制的结果。

四　慈善文化建设与推广

要确保慈善事业的稳步推进，引导更多的社会力量参与到公益慈善事业之中，慈善文化的建设与推广是必不可少的。黄埔区慈善会除了开展日常的救助工作，以及组织策划各种慈善项目之外，在慈善文化建设方面同样不遗余力。大体来说，黄埔区慈善会在慈善文化建设上的举措，包括以下几个方面。

一是开展区内领导走访爱心企业的活动。为表彰黄埔区辖内爱心企业为黄埔区慈善事业做出的积极贡献，慈善会的领导和其他黄埔区的领导，在节假日期间会组织走访爱心企业的活动。在对爱心企业进行答谢的同时，慈善会的领导和黄埔区的领导也会抓住走访的机会，向企业负责人宣传慈善精神，听取他们对黄埔慈善事业发展的意见或建议。通过领导们的走访活动，既调动了企业参与慈善活动的积极性，也加强了政府部门与爱心企业在慈善事业方面的交流。

二是组织慈善企业评选活动。从 2016 年开始，黄埔区慈善会每年都会组织开展“黄埔慈善榜”评选表彰活动，感谢为黄埔区慈善事业发展做出贡献的集体。星级的评定以年度内企业捐款数额为依据：年度内捐款数额在 100 万元以上（含 100 万元）的单位，可获得“五星级爱心单位”荣誉称号；年度内捐款数额在 50 万以上（含 50 万元）的单位，可获得“四星级爱心单位”荣誉称号；年度内捐款数额在 20 万元以上（含 20 万元）的单位，可获得“三星级爱心单位”荣誉称号；捐款数额在 10 万元以上（含 10 万元）的单位，可获得“二星级爱心单位”荣誉称号；捐款数额在 5 万元以上（含 5 万元）的单位，可获得“一星级爱心单位”荣誉称号。

除了组织开展“黄埔慈善榜”的评选之外，区慈善会还会组织区内爱心企业参与广东扶贫济困红棉杯评选表彰活动。2018 年，黄埔区新世界（中国）地产投资有限公司获得广东扶贫济困红棉杯金杯，金发科技股份有限公司获得银杯，广州恒运企业集团股份有限公司、知识城（广州）投资集团有限公司、科学城（广州）投资集团有限公司、广州开发区金融控股集团有限公司、广州珍宝巴士有限公司、广州环亚化妆品科技有限公司获得铜杯。通过一系列的慈善表彰活动，树立慈善典型，增强区内行善企业的荣誉感和成就感。

三是组织公益徒步活动或公益体育赛事，向黄埔区内广大群众宣扬慈善精神。从 2016 年开始，黄埔区慈善会每年联合徒步登山协会举办第二届“香雪踏歌”公益徒步活动，号召区内或区外的徒步爱好者参与。除此之外，慈善会还会举办其他的体育赛事，如 2018 年协办雪松广州黄埔马拉松赛，实施“运动 + 慈善”行动，首次增设 700 个慈善名额，得到广大跑友的热烈支持，专业竞技、为爱奔跑，募得捐款 21.3 万元，用于帮助区内贫困老人“白内障光明行”项目。通过组织公益徒步活动或公益体育赛事，号召广大运动爱好者关注慈善，参与公益活动。

四是深入开展慈善标志创建工作。在区慈善会和区内文明办的联动合作之下，2016 年成功创建 10 个慈善广场。在 2017 ~ 2018 年，又联合区文明办与各街镇新建了 8 个慈善标志。这些慈善标志的创建，不仅见证了黄埔区慈善事业的迅猛发展，还为慈善文化的宣传与推广提供了空间与舞台。

五　未来工作展望

通过上面的阐述，我们可以看到，黄埔区慈善会在政府以及社会各界热心人士的支持下，在过去的几年间取得了丰硕的成果，也累积了宝贵的经验。当然，在成绩面前，我们必须要戒骄戒躁，努力总结经验与教训，推进黄埔区慈善事业更进一步的发展。在接下来的工作中，应该更着眼于以下几个方面。

一是充分运用互联网信息技术。虽然在新黄埔区慈善会成立的时候，就已经开发了网站，建立了微信服务号，为公众提供了更为人性化与便捷的沟通方式。但慈善会仍然需要进一步挖掘互联网在慈善事业中的潜力。比如说，在筹款方面，新兴的互联网募捐信息平台拓宽了慈善组织的募捐渠道。2018 年，民政部依据《慈善法》指定的 20 家互联网募捐信息平台，共为全国 1400 余家公募慈善组织发布募捐信息 2.1 万条，网民点击、关注和参与超过 84.6 亿人次，募集善款总额超过 31.7 亿元，同比增长 26.8%。[①] 在下一步的工作中，慈善会需要跟这些筹款平台达成合作，拓宽自己的募捐渠道。

二是要进一步加强与区内其他慈善类社会组织的互动与合作。“长者饭堂·爱心餐”项目的成功，就是黄埔区慈善会与区内其他公益组织合作，各自发挥所长的结果。在未来的慈善项目策划中，以“长者饭堂·爱心餐”

---

① 《民政部：2018 年互联网平台募集善款超 31.7 亿元》，人民网，2019 年 4 月 5 日，http://gongyi.people.com.cn/n1/2019/0405/c151132-31015085.html。

项目的成功经验为基础，我们仍然要探索更多形式的合作机制，让慈善会善款筹集能力以及区内各公益组织在公益服务方面的专业能力都得到充分的发挥与协调。

三是要推进慈善人才队伍的构建。一方面，要参照区内管理类雇员的标准，构建并完善专职人员的薪资制度和考核制度，提升专业人员的工作积极性。另一方面，要通过举办各类培训班、讲座，为慈善实务人员提供更多的培训机会，以掌握更多慈善工作特有的知识和技能，提高慈善组织的人力资源素质，同时吸引更多的专业人员加入慈善队伍中。

B.11 广州市从化区慈善助力乡村振兴的实践与探索

广州市从化区民政局　广州市从化区慈善会*

摘　要： 随着国家乡村振兴战略的实施，从化区公益慈善事业发展也迎来新的重要机遇。为了充分发挥慈善在动员社会力量参与实施乡村振兴战略中的积极作用，2018年从化区积极发掘本土社会力量，不断创新慈善活动载体，在实践中发展出“慈善+文旅”“慈善+社会工作”“慈善+乡风文明”“慈善+新农人骨干”等多种形式的慈善模式，不断助力乡村振兴，为建设幸福从化、打造全省乃至全国乡村振兴示范区发挥了积极作用。

关键词： 慈善事业　乡村振兴　从化区

一　引言

从化区位于广东省中部，广州市东北面。2018年，全区户籍总人口634893人。其中，城镇人口207913人，占全区总人口的32.75%；乡村人口426980人，占全区总人口的67.25%。[①] 随着国家乡村振兴战略的实施，

---

* 广州市从化区民政局，广州市从化区人民政府职能部门；广州市从化区慈善会，非营利公益社会团体。

① 参见《2018年从化区国民经济和社会发展统计公报》，广州市从化区人民政府网站，2019年5月5日，http://www.conghua.gov.cn/zgch/tjgb/201905/06e2cb701bb54c64923fb0071957b7fc.shtml。

从化区公益慈善事业发展也迎来新的重要机遇。

2018 年，全区紧紧围绕《从化区 2018 年深化“羊城慈善为民”行动创建“慈善之城”工作方案》《从化区 2018 年广东扶贫济困活动暨深化“羊城慈善为民”行动工作方案》文件精神，坚持扶贫济困、见难相助的宗旨，积极开展多种形式的慈善救助活动。慈善为民月系列活动掀起扶贫济困热潮，多元微公益慈善活动增强了公众的参与意识。同时，扎实稳步实施各类救助，慈善服务范围不断扩大，在传统领域扶贫济困、救孤助残、助学助医等，拓展到公共服务、社会供养、关爱儿童、社区服务、乡村振兴等领域。从化区近年来的公益慈善实践为推动乡村振兴积累了丰富的地区发展经验。

二　从化区慈善助力乡村振兴实践与探索

（一）“慈善 + 文旅”，助力乡村旅游发展

广州市慈善品牌项目——“乐善骑”落地从化，为山区儿童教育类项目筹款，助力乡村振兴。乐善骑是广州市慈善会打造的借自行车骑行推动大众参与的“慈善 + 运动”品牌活动。在从化区举办的活动主要围绕乡村振兴，通过运用乡村旅游资源参与慈善、传递爱心，为乐善骑基金筹集款项，用于支持从化山区儿童教育服务类公益项目和革命老区儿童教育项目。2019 年的活动落地从化浪漫温泉小镇，进一步助力乡村振兴、激发乡村慈善活力，帮扶乡村教育脱贫，带动乡村旅游发展。

2018 年 12 月 23 日和 2019 年 5 月 11 日，从化区联合广州市慈善会举办“骑行美丽从化　助力乡村振兴——2018 益动善城福彩杯乐善骑活动”和“浪漫温泉 · 乐在骑中——2019 福彩杯乐善骑活动”，两次活动都吸引了近 500 名爱心市民参加，为乐善骑基金筹集款项，活动通过线上线下方式筹集总善款近 179 万元，参与捐赠共 4000 多人次。

（二）“荔枝 + 公益”，定制乡村经济新模式

从化区慈善会启动“荔枝 + 公益”定制活动，探索公益定制新模式，助力乡村振兴。该活动主题围绕乡村振兴，发挥慈善动员社会力量的作用，以从化特色佳果荔枝为媒介，围绕特色小镇公益徒步，通过线上线下爱心接力认购荔枝的方式，全城接“荔”，一方面所筹善款全部用于困难群众帮扶，另一方面促进荔枝产销两旺，增加农民收入，助力乡村振兴。2018 年通过推介从化旅游和从化荔枝，累计试食及咨询从化荔枝的市民和游客近 1 万人次，活动期间初步有意向购买从化荔枝近 2000 份。2019 年从化区“乡村振兴·美荔定制”活动首次开辟荔枝定制公益林，在新闻发布会后的定制洽谈环节，荔枝定制公益林的 100 棵荔枝受到热捧。2019 年 6 月拟在全市开展“全城接‘荔’·从善而行”从化“荔枝 + 公益”定制行动系列活动，提升从化荔枝作为重要乡村振兴产业的活力和影响力。

（三）“慈善 + 社会工作”，专业融入乡村社区发展

从化农村社会工作服务项目在广州市、从化区民政部门支持下，通过政府购买服务，从 2009 年开始由广东绿耕社会工作发展中心承接，覆盖良口镇长流村、乐明村，至今已有近十年时间。该项目以“城乡合作、公平贸易、共创生态文明与可持续生活”为主题，在“以人为本、助人自助、公平正义”的社工理念指导下，采取社区为本整合资源的社会工作模式，旨在与村民一同实现“生计可持续、生态保育、文化传承、公共参与、邻里互助”五位一体的农村社区可持续发展，希望探索本土化的农村社会工作发展模式。该项目在基层社区的实践，是从化区大力培育服务性、公益性、互助性农村社会组织，积极发展农村社会工作和志愿服务，深入贯彻落实党中央乡村振兴战略的一个缩影。

近年来，从化社会工作在搭建城乡合作平台、共创生态文明、留住乡愁文化等方面取得了实效，成为实施乡村振兴战略的重要补充和助手。特别是在激发村民参与乡村振兴方面，通过培育村民自组织与村两委对接，让村民

们动起来，解决了普遍存在的村民自主性与参与度不高的难题。从化农村社工项目近十年的实践证明：引进社会组织力量和社会工作手段，以专业工作者的身份补位政府，优化农村社区治理，有利于推进乡村治理体系和治理能力的现代化，更好地解决乡村的治理难题，实现乡村振兴。

（四）“慈善+文明”，引领乡村可持续发展

随着乡村振兴战略的日渐深入，乡风文明建设成为该战略的重要部分。除了通常的宣教、奖惩等手段外，乡风文明建设更有效的手段是调动当地群众广泛参与公益慈善项目。为凝聚人心、培养乡村公益慈善，2018 年从化区开展慈善乡村调研，成功创建 4 个慈善乡村（城郊西和村、吕田莲麻村、鳌头西塘村、良口米埗村）。城郊西和村以乡贤乡风展馆为慈善特色；吕田莲麻村主要打造慈善文化特色；鳌头西塘村通过企业捐赠电瓶车助力乡村振兴。

莲麻村坚持“乐善好施，扶贫济困”的宗旨，大力宣传慈善文化，扎实开展慈善救助：一是定期向社会公众发布慈善活动资讯弘扬慈善文化；二是慈善志愿者团队定期开展打扫村居，为村民宣传政策法规安全知识；三是组织志愿者不定期对村低保人员、独居老人、残疾人等特殊人群进行慰问关怀，平日里经常上门询问生活情况，发现困难，及时给予帮助。莲麻村积极借力莲麻小镇建设，充分发挥流溪河水源头文化、绿色生态文化、红色历史文化、莲麻头酒文化等优势资源，聚力发展民宿、酒坊、酒铺、酒馆、炒茶铺和豆腐作坊等特色产业，并先后荣获“全国美丽宜居村庄示范”“全国环境整治示范村”“全国文明村”称号。目前莲麻村已成为华夏学院大学生写生实训基地，同时也引来广州市竹庄农业有限公司、莲麻酒业等企业落户，借助多方的资源、设施，组织开展形式多样的慈善活动。

（五）“慈善+企业”，提升乡村民生幸福感

从化区慈善会积极发挥枢纽型慈善组织优势，推动慈善款物募用分离，

促进慈善资源有效对接，2018 年成功为 28 个项目实现对接。重点企业推介会共推出 12 个重点慈善项目，到账金额为 392 万元。由于 2018 年的慈善项目贴近民生，大部分慈善项目超额完成了筹款目标：文化公园慈善长廊建设项目到账 84 万元；移动爱心献血屋建设项目到账 25 万元；鳌头镇日间养老服务中心改造工程项目到账 18 万元；慈善医疗救助社会工作救急支持项目到账 15.5 万元；粤剧进校园、扶困助幼育新苗项目到账 21 万元；义仓组建社区流动党组织项目到账 10.9 万元。部分慈善项目接近筹款目标，从化区新敬老院配备家具计划项目到账 180 万元，“长者饭堂 · 爱心餐”项目到账 43 万元。上述项目主要服务困难长者、贫困家庭、贫困儿童等困难群体及支持公共事业建设。

为确保慈善捐赠良性运作及可持续发展，从化区积极做好爱心企业回馈。一是积极鼓励企业参与“2017 年度广东扶贫济困红棉杯”申报。从化区共有 8 家爱心企业获得 2017 年度广东扶贫济困红棉杯铜杯，比 2016 年增加 5 家。二是对做出突出贡献的爱心企业和个人在回馈证书的基础上，颁发注入慈善元素的牌匾，以表感谢和鼓励。三是积极鼓励企业申报 2018 年度慈善捐赠榜，2018 年从化区共有 15 家企业荣登慈善榜，捐赠金额达 2709 万元，同比增长 120%。

（六）“慈善 + 最美慈善家庭”，打造乡村示范标杆

2018 年从化区共有 9 户家庭荣获年度从化区“最美慈善家庭”称号，为了让全区广大家庭向慈善家庭学习，重家庭、扬善德、重家教、存善念、重家风、弘大义，推进慈善理念深入每一个家庭和市民，从化区慈善会在从化区民政局、从化区文明办、从化区妇联的指导下，以“榜样感动从化 温暖传递力量”为主题，组织慈善家庭开展座谈，走进慈善乡村西和村，参观乡贤乡风展馆，走进慈善资助建设的母婴室，探访农村五保老人，等等，让慈善家庭代表亲身体验慈善的乐趣，促进慈善融入生活，充分展现慈善乡村、慈善公园、慈善项目的魅力，积极传播社会主义正能量，激发更多家庭参与慈善的热情，推进慈善理念深入每一个家庭和市民。

（七）“慈善＋教育”，推动革命老区儿童教育发展

2019 年 5 月 11 日，浪漫温泉·乐在骑中——2019 福彩杯乐善骑活动为乐善骑基金筹集款项，用于支持从化区革命老区儿童教育项目，以促进儿童身心健康成长和提高生活质量，让革命老区儿童幼有所教，充分体现社会和政府对革命老区儿童的关心。“从化革命老区儿童教育项目”是从化区慈善会在关爱儿童、幼有所教，积极应对儿童教育资源缺乏、留守儿童问题突出的慈善项目。目的是为革命老区儿童提供优质的教育和日常关心，让儿童在课堂上和生活中得到更好的帮助，享受来自社会对他们的关爱，形成互助的公益氛围，让小朋友在关爱的生活氛围中度过童年。此外，通过从化区慈善会这个平台，进一步扩大了“革命老区儿童教育”的社会知晓面，动员吸引更多的社会爱心力量加入，充分发挥慈善捐赠在“革命老区儿童教育”服务体系中的积极作用。

（八）“慈善＋新农人骨干”，培养反哺乡村振兴人才

2018 年，在团区委的推荐下，从化区潘启安、马伟坚、钟锦祥、李小明报名参加了由中国慈善联合会与清华大学共同打造的第一期“乡村振兴领头雁计划”培训。经过为期半年的线上培训、考核、社群化学习及交流分享，这 4 名青年从全国 2260 名学员中脱颖而出，成为 120 名优秀学员代表之一，2019 年成功取得了前往清华大学参与为期 1 周的“乡村振兴领头雁计划”精英工作坊和线下实训“门票”的资格。“乡村振兴领头雁计划”由中国慈善联合会、清华大学社会学系、友成企业家扶贫基金会、沪江网等十余家机构联合发起，旨在培养一批懂农业、爱农村、爱农民的新农人骨干，助力乡村振兴。该计划将培养 1 万余名乡村青年“领头雁”反哺乡村振兴，从化区目前有 4 名。今后，团区委将继续推荐优秀新农青年参与各类提升活动，为他们创业、学习、交流，搭建更多平台，助推他们成长成才，引领青年为从化区建设全省乃至全国乡村振兴示范区和建设幸福美丽生态之城贡献青春力量。

三 从化区慈善助力乡村振兴实践经验总结

（一）发掘本土资源是乡村振兴的重要基础

从化区近两年借助广州市慈善会打造的“乐善骑”品牌活动，将“慈善 + 运动”与地方旅游资源发掘进行结合，打造出新的经济增长点，进一步带动了从化乡村经济的发展。此外，从化将地方特色果品——荔枝作为慈善媒介，探索出新型的筹款及助农模式，取得了良好的社会效益及经济效益，这两种公益思维及模式都建立在本土资源充分利用的基础上，执行更接地气，影响更加深远。

（二）专业力量是乡村振兴的重要推动者

从化区通过政府购买农村社会工作服务项目，将社工融入了地方发展战略，为从化区乡村振兴提供了重要的专业支撑。在社区为本专业理念的指导下，社工通过带领村民共同开展乡村生态、文明及经济建设等，培育出了乡村本土自治组织，调动了村民参与乡村建设的积极性，填补了政府部门传统治理方式的不足，为探索本土化的乡村发展模式提供了重要的经验参考。

（三）精神文明建设是乡村振兴的重要指引

从化区为促进乡风文明建设，不拘泥于传统的宣教、奖惩等治理手段，因地制宜打造出四种不同类型的慈善乡村，将地方优势资源与慈善事业有机结合，为乡村常态化开展公益慈善活动提供了重要载体，为充分调动村民积极性、弘扬慈善正能量打下了良好的基础。此外，从化区还通过树立优秀典型的方式评选年度从化区“最美慈善家庭”，将村民身边的榜样力量打造为最佳的慈善传播载体，通过言传身教，推动乡村文明风尚逐步形成。

（四）企业资源是乡村振兴的重要支持

从化区有着丰富的企业经济体，链接企业资源是开展重大慈善项目的有力支持。2018 年度从化区打造了一批贴近民生需求的慈善项目，通过发动企业开展定向资助，大力开展民生项目建设，有效改善了本区内部分困难群体的生活质量。此外，从化区及时建立企业回馈激励机制，确保企业捐助模式的良性及长效发展。

（五）人才培养是乡村振兴的重要储备

针对从化区留守儿童教育及生活困境等较为突出的社会问题，从化区通过打造“从化革命老区儿童教育项目”，为革命老区留守儿童带去了温暖，也为他们感恩社会关爱、开启公益之路上了重要一课。此外，从化区通过鼓励优秀青年积极参与“乡村振兴领头雁计划”，培育出一批懂农业、爱农村、爱农民的新农人骨干。这些优秀青年未来将会发挥聪明才智，极大地回馈从化区的乡村振兴建设。

B.12

广州市番禺区“五社联动”基层社区治理模式的经验与启示

广州市番禺区社会组织联合会*

摘　要： 番禺区“五社联动”项目是广州“社工＋慈善”战略工作的先行实践探索。“五社联动”着力于构建社区居委会、社会组织、社会工作、社区企业、社区基金多主体有效协作机制，在党建引领下，以社区为平台，以社区居民需求为导向，以社会组织为工作载体，运用专业的方式方法，动员社区资源，成立社区基金，致力于打通政策落实和社会服务的“最后一米”。

关键词： 社区治理　“五社联动”　番禺区

2019年5月，广州市民政局印发《广州市实施“社工＋慈善”战略工作方案》，提出整合镇（街）、村（居）、慈善组织、社工机构、志愿团体、企事业单位和居民等多方力量，聚焦脱贫攻坚，聚焦特殊群体，聚焦群众关切，更好履行基本民生保障、基层社会治理、基本社会服务等职责，着力打造“社工＋慈善”战略可持续发展样本，为广州市建设国际大都市，实现老城市新活力和“四个出新出彩”提供支撑。其中，番禺区“五社联动”项目是广州“社工＋慈善”战略工作的先行实践探索。

---

* 广州市番禺区社会组织联合会，非营利性公益社会团体。

一 “五社联动”的缘起

2012年以来，广州市率先开展社会组织管理制度改革，番禺区的社会组织发展保持稳健增长态势，社会组织数量在广州市各区中居于首位，遍及各个行业，分布在各个镇街。这些社会组织层次多样、种类齐全、领域广泛。值得注意的是，新兴的社会组织中草根型社会组织占的比例增大，它们发起于民间，扎根于基层，服务于社会，一些公益性组织、社区社会组织、文化体育组织较为活跃，成为社会服务的积极力量。

2017年12月，民政部印发《关于大力培育发展社区社会组织的意见》，要求鼓励引导社会资本支持社区社会组织发展，推动建立多元化、制度化的资金保障机制，有力促进社区社会组织参与社区治理。在此过程中，应充分发挥社会组织在社区治理体系中的作用和功能，积极构建多元参与的城乡社区治理体系，完善社区社会组织培育机制，推动各区成立街道社区社会组织联合会，大力促进城乡治理体系创新和治理能力提升，实现政府治理和社会调节、居民自治良性互动。

基于社会组织参与社会治理的独特优势，番禺区社会组织联合会重视各类社会组织服务社会的作用，把社会组织作为参与社会治理的重要行动主体，从2016年起，就以“三社联动”机制为基础，创新推出番禺区“五社联动”公益生态圈建设项目，积极探索“五社联动”（社区居委会、社会组织、社会工作、社区企业、社区基金）工作模式，形成以社区居委会为平台，社区居民需求为导向，社会组织为工作载体，运用专业的方式方法，动员社区资源，成立社区基金，致力于打通政策落实和社会服务的“最后一米”，服务有需求的社区居民，助力营造共建共治共享的社会治理格局。

二 “五社联动”的运作模式

（一）党建引领，明确项目方向

“五社联动”借助“小因子”零散党员激活基层“大党建”工作，着重搭建党建引领下的基层党组织参与社区治理体系，拓展社会组织党建工作新空间，为社区、社会组织的党建工作提供理论指导和实践机会。结合社会组织党员亮身份文件精神及社区大党委制，开展基层党员工作培训班和主题党课，开展“红色微创投”活动，将“五社联动”项目转化为社会组织党组织、社区党支部的活动载体；实施“党建＋服务”方式，在镇街成立社区党员志愿者服务团队，执行具体社区服务；联动番禺区市桥街开展“先锋社区党建与社会工作融合共建项目成果展暨党建促融合引领，五社联动迎新春”活动、大龙街党建引领明方向、社区建设促和谐“三五五”共融活动等。

除了联动基层党群外，番禺区社会组织联合会还积极联动人大、政协委员，对接基层开展社情民意收集活动，畅通群众利益诉求表达渠道。根据收集建议，由社会组织的政协委员撰写联名提案，争取人大、政协的关注，吸引更多的社会资源参与到“五社联动”，实现政社联动、社企协作、社群沟通、数据共享，努力构建社区力量广泛参与的基层治理体系。

（二）形成机制，指导项目运作

在番禺区民政局指导下，番禺区社会组织联合会提出“五社联动”新概念，以项目化形式运作，连续4年获得广州市社会组织公益创投活动资助。从2016年5个试点社区到目前在番禺区全覆盖，重点打造3个示范镇街，初步建立起社区治理的长效机制，从更深层次上探索政府行政治理与社会自我调节系统的衔接、互动与融合。在此基础上，番禺区进一步提出“三五五”共融的概念，即“五社联动”、“三社联动”和“周五街坊主题服务日”共融共通。

根据番禺区“三五五”共融工作方案整体部署，深化“五社联动”项目服务成效，番禺区社会组织联合会积极协调“三五五”共融工作专家专委会的组建；制定“五社联动”示范社区建设方案，使镇街社区社联会及“五社联动”委员会打造示范社区的工作方向更加明确。同时，在项目执行中不断探索创新，根据工作内容明确各主体职能，制定项目工作手册。番禺区社会组织联合会还组织广州社会组织领域的专家学者作为“五社联动”项目指导专家团队，对项目制度、项目实施方案以及社区基金管理进行指导，并制定“五社联动”多元主体评估指标，听取不同负责人的意见，进行不断修正和完善，指导“五社联动”持续运行。

截至目前，番禺区社会组织联合会协助16个镇街开展“五社联动”平台培训和业务咨询；指引南村镇、东环街、市桥街、桥南街成立社区社联会，全区84个村居成立“五社联动”工作委员会。

（三）培育组织，确保项目落地

番禺区社会组织联合会在每个试点社区调研，制定具体的活动方案，再通过项目化形式孵化培育社区社会组织，扎根社区开展活动接地气，是“五社联动”工作的一大特色。一方面，积极推动组建成立镇街社区社联会及“五社联动”工作委员会。截至目前，番禺区社会组织联合会在南村镇、市桥街、桥南街、东环街成立了社联会，并在村居下设“五社联动”工作委员会，为社区社会组织培育打基础、做准备。

另一方面，通过微创投平台孵化培育社区社会组织。番禺区社会组织联合会联动中社社会工作发展基金会和悦社工·社区基金，投放30万元专项基金，创新开展“五社联动”社区公益微创投，启动了南村镇锦绣香江社区和洛浦街丽江社区的试点工作，征集申报书55份，资助社区社会组织项目32个，项目申报内容涉及党建活动、心理健康、智能养老、特色社区、教育培训等多个服务领域。这是番禺区“五社联动”基层社区治理模式的新尝试，以满足群众需求为导向，以能力提升为基础，不断培育发展社区（社会）组织，进一步强化服务能力，激发社区居民的参与热情，通过以枢纽型、支持型社会组织为抓手，打造品牌示范效应。

（四）凝聚共识，创新服务社区

一是输出“五社联动”，战略凝聚共识。番禺区社会组织联合会倡导社会组织参与社区治理，根据自身能力进社区开展活动，积极探索新形势下社区治理的新模式，联动各界力量共同推动“五社联动”。为了让社会组织进社区服务有方向，举办番禺区“五社联动”全覆盖启动仪式、示范点颁牌仪式，召开“五社联动”信息发布会，明确“五社联动”的积极意义，进一步扩大“五社联动”影响力。目前，“五社联动”已经成为党委、政府解决社区问题的得力助手，赢得了政府和社会的认同。

二是成立行业专委会，实现多元参与。为了更好地服务社区居民，番禺区社会组织联合会组建了行业专委会，引领各类组织往专精准的服务方向迈进。目前，番禺区社会组织联合会已经成立了经济类、社会服务类、教育类、文化类、体育类社会组织专委会。各个行业专委会积极调研，听取意见，发挥行业组织作用，通过专长化解社区矛盾和解决社区问题，为社区服务和社区基金的发展出力。

三是联动多元力量，开展服务活动。项目启动以来，先后取得番禺区政协、区委政法委、区总工会、区妇联、区卫计局、区文广新局的指导和大力支持，各个行业专委会精诚合作，通过公益集市活动，现场提供义诊、义卖、义演，送文化到基层和部门服务进社区；与居民欢聚七夕，齐贺国庆，喜迎中秋，共度重阳；探访退伍军人，给予心灵慰问；修葺祠堂，有序推进文化保育工作；法治进社区，教育居民遵守社会公德；举办社区文化艺术节，带动各阶层人士共同参与社区治理。目前，“五社联动”已经举办了超过50场公益集市活动和普惠讲座，为社区居民提供服务。

（五）增强造血，强化服务成效

一是人才培育给项目输血。按照项目设计，在执行期间，番禺区社会组织联合会依托项目，结合社会组织薄弱环节，开展社会组织“黄埔军校”打造计划，开展社区治理、社会组织培育以及社会工作者能力提升、财务管理、项目管理等专题讲座，让参与项目的社会组织和社会工作者充分了解“五社联动”项目的实施意义，全面提升服务社区的能力。为了给“五社联动”持续输血，社联会先后与广州科技贸易职业学院、广州番禺职业技术学院合作，与社工系导师根据“五社联动”工作方向，将学生纳入项目人才培育的队伍中，对他们进行专题培训，并安排他们到番禺区社会组织联合会实践，为“五社联动”的持续深入开展做好人才储备。

二是公益平台给项目供血。“五社联动”是多元主体共同参与的结果，每个主体都同等重要，项目的持续运转，特别需要社会上的企业+社区基金来推动，给项目持续供血。目前番禺区社会组织联合会凝聚社会力量，联动多项资源，辖区爱心企业定向捐赠和公益集市义卖共筹得款项超过570万元，同时争取到广州市社会组织公益创投财政资助金46万元，给项目供好血，推进活动下沉到基层，促使社会力量在参与项目过程中，主动作为，形成合力，确保社区活动策划落地出成效。

三是规范基金给项目活血。在番禺区民政局的指导下，番禺区社会组织联合会与番禺区慈善会联动，共同加强对社区基金的监管，规范筹措和使用渠道，草拟《番禺区社区基金管理办法（征询意见稿)》，举办番禺区社区基金听证会，凝聚多方智慧为社区基金建言献策，增强了社区基金的合法性、科学性和有效性。社区基金管理办法作为“五社联动”社区基金管理先行先试的依据，选取社区居民代表，共同对社区资金管理使用情况实施指导监督，针对辖区居民需求，开展公益微创投、“红色党建”、关爱困难群体、法律咨询服务等服务项目，确保基金使用有方向、有载体、有监管、有考核，有成效。

自“五社联动”项目进入南村镇锦绣香江社区，截至目前社区基金募集超过120万元，其中20余万元捐助给发生交通事故的保安李立光，10万元作为社区公益微创投立项资金，培育14个社区组织，回馈到社区居民的服务上，共同解决环境卫生、邻里互助、居家养老等社区生活问题，共同营造和谐共享社区环境。除了提升社区软实力外，还使用社区基金改造锦绣香江社区篮球场，重新铺装，使其更加安全舒适，合理区分不同锻炼功能区，场地焕然一新，以全新面貌向居民开放，受到广大居民的欢迎。建设幸福社区，促进社区共建共治共享。

（六）发挥社会效应，营造项目氛围

“五社联动”项目不可能进行“大花销”的社区宣传，社区宣传必须接地气、贴民心，把更多资源回馈到居民服务上。项目刚落地社区，社区企业、社会组织、社区居民普遍不理解。逐渐地，当“五社联动”扎根社区服务，多方主体感受到项目意义。在举行社区活动时，镇街职能部门主动参与统筹，物管免费提供场地，社区自组织自发策划摊位活动，社区居委会主动宣传发动，社区企业、居民捐资捐物。“五社联动”每一场活动、每一次宣传、每一次服务，都是多方力量共同参与的结果，当服务做到民众心中，便达到了项目的宣传效果。

及时总结提炼经验，打造项目示范社区，提供可借鉴的治理样本，是项目的努力方向和重点工作。番禺区社会组织联合会撬动内部资源，联动电影创作协会、摄影家协会、网络文化协会等，抓好舆论宣传，提升项目知晓率。联动 CowCow 线上平台，打造“五社联动”社区线上互助生态圈。入驻南方号、今日头条，并通过微信公众号等媒体及时发布活动预告和相关新闻，浏览总量为 3 万余次，获主流媒体报道 70 余次。此外，链接专家学者举行项目专题论坛，探索升级打造；做好典型宣传，举办总结表彰大会，表彰优秀社会组织；编印项目特刊，输出经验；在试点社区举行成果展和摄影展，有效加大了“五社联动”项目的传播力度。

三 “五社联动”的成效

（一）打造了组织体系

“五社联动”项目是一个自下而上探索实践、自上而下推进实施，统筹管理、分级实施、落地执行的组织体系。

第一，明确各方主体的合作空间。从横向看，社区居委会、社会组织、社会工作、社区企业、社区基金五大主体实现联动共建，遵循有效的工作机制及完善的评估细则。从纵向看，有政策指导，政府强力支持，民政部门整体指引，番禺区社会组织联合会全力推进，镇街社区社联会执行，“五社联动”工作委员会扎实落地，是相对完整的社区治理体系，使所有的参与者都非常明确自己在体系中的多元主体作用。

第二，探索五个主体的功能作用。番禺区社会组织联合会根据“五社联动”实施要求，对五社主体进行了具体的工作职责划分，制定了详情指标。在实施中，社区居委会要发挥主观能动性，社会组织发挥服务多元性，社会工作发挥专业针对性，社区企业发挥责任实效性，社区基金发挥资源配置性，各个主体统筹合作，尽可能提升效能，使得所开展的社区服务更接地气。

（二）打造了服务体系

参与“五社联动”项目的各个主体都扮演了多重角色，更多社会资源加入“五社联动”项目中，促使服务创新。

第一，促使不同组织服务多元化。探索社会组织在社区提供独具特色的服务。初创期，社会组织在执行社区调研、社区活动策划、社区志愿者培训等方面发挥草根组织优势，撬动社区公益资源，凝聚社区居民共识；发展期，社会组织通过平台对接资源，找寻政社合作渠道，树立自主品牌公益项目；成熟期，社会组织自觉匹配项目，通过组织影响力发动企业资源参与公益，发展社区基金。

第二，彰显社会工作的专业服务力。番禺区社会组织联合会组织开展“黄埔军校”培训课程，提升社会组织项目策划、基层服务等方面的能力；成立不同类别组织专委会，为“五社联动”提供助力，引领各类社区社会组织向专、精、准的服务目标迈进；举办系列普惠性社区公益讲座，邀请社区领袖主讲，内容涵盖健康医疗、法制维权、环保推广、家风建设、安全教育、文化传承及保育等，倡导社区居民终身学习、邻里相互学习的理念。

（三）打造了捐赠体系

“五社联动”作为枢纽平台，让不同行业组织去进行资源动员，发挥社区企业的责任实效性和社区基金的资源配置性，成为推动社区基金发展的重要力量。

第一，社区企业发挥责任实效性。为保障项目持续开展，番禺区社会组织联合会不遗余力地协调筹集社区基金，采取政府拨一点、群众集一点、企业捐一点、活动筹一点的筹资渠道，发动社会组织行业专委会、慈善会、基金会支持社区基金的募集。三年来，爱心企业通过定向捐赠、公益集市义卖等多种方式，为社区基金捐款捐物。截至目前，共筹得社区基金近570万元，为项目提供了强大的资源保障。

第二，社区基金发挥资源配置性。在区民政局的支持下，番禺区社会组织联合会与区慈善会联动，共同加强对社区基金的监管，规范筹措和使用渠道，草拟《番禺区社区基金管理办法（征询意见稿）》，凝聚多方智慧为社区基金发展建言献策，增强了社区基金的合法性、科学性和有效性。

年度热点篇

Focal Topics

B.13

慈善成为城市发展新的战略选择

邓榕兰*

摘　要： 2018年11月5日，“中国善城大会”在广州召开。本次大会发布《创建慈善城市·广州行动》，提出城市慈善事业发展的重点和方向，并启动国内首个“慈善城市发展研究基地”，为城市慈善协作网络与机制的构建奠定了良好基础。在广州行动的具体落实中，建议慈善整体发展水平当前居于全国前列的城市在带动所在区域慈善事业发展中发挥“引擎”作用，并注重发挥区域慈善行业组织的平台作用。此外，应通过慈善协作网络的建设，有效促进东、中、西部城市慈善事业的共同提升和均衡发展。

* 邓榕兰，广州社会组织研究院项目专员。

关键词： 慈善城市　善城大会　联合行动

2018 年 11 月 5 日，由中国慈善联合会和广州市民政局主办的“中国善城大会”在广州召开。本次大会发布了《创建慈善城市·广州行动》，从优化慈善行业发展格局、完善慈善服务体系、提升慈善行业公信力、建立专业化慈善人才队伍、弘扬慈善文化、建立协作机制等六个方面发出倡议，凝聚新时代奋进力量，推动中国城市慈善事业的创新和可持续发展。

一　提出城市慈善事业发展的重点和方向

《创建慈善城市·广州行动》共提出六点倡议，具体内容如下。[①]

第一，密切配合党委政府，优化慈善行业发展格局。建立与党委政府有关部门的工作协调机制和信息共享机制，积极参与慈善事业政策制定，切实贯彻、落实相关法律法规，做到依法行善。协助政府部门建立社会组织培育孵化体系，鼓励社会组织申请政府购买服务，积极培育社区服务类和公益慈善类组织，形成党委领导、政府支持、社会协同、分工明确、布局合理的行业发展格局。

第二，完善服务体系，让城乡居民获得更多幸福感。建立多元化、专业化的服务体系，充分考虑人民群众不同的服务需求，引导慈善服务、专业社工与志愿服务相互结合，让慈善服务进社区、进单位、进校园、进乡村，打通慈善服务递送的最后一公里，为困难群众解难事、办实事，让城乡居民感受到慈善的力量。

第三，成立行业组织，提升慈善行业社会公信力。成立慈善联合会等

① 《创建慈善城市·广州行动》，广州日报大洋网，2018 年 11 月 5 日，http：//m. dayoo. com/201811/05/156807_ 52352516. htm。

行业组织，汇聚慈善力量、整合慈善资源，反映行业诉求，制定行业标准，推动行业自律、服务行业发展，增强慈善组织从业人员的政治意识、大局意识和法律意识，强化信息公开水平，让慈善事业在法治的阳光下运行。

第四，建立职业化、专业化的慈善人才队伍。开展各类培训活动，积极培养慈善人才。鼓励慈善组织联合党校、高校开设慈善事业培训课程，探索跨界合作、资源互补的现代慈善人才培养机制。培养一批遵纪守法、懂管理、能干事的专业化人才，形成合理的人力资源梯队。

第五，弘扬慈善文化，形成人人参与的慈善氛围。深入挖掘和活化城市慈善历史文化，推动慈善文化融入城市生活的方方面面，让社会大众接触慈善、参与慈善。充分利用各类新闻媒体、展会活动及微博、微信、微视频等新媒体资源传播慈善文化，宣传先进典型，引导社会各界参与创建“慈善城市”。

第六，建立协作机制，实现城市慈善事业均衡发展。共同创建慈善项目合作机制，切实推动慈善资源对接，广泛开展慈善经验交流。共同完善“中国城市公益慈善指数”，开展城市慈善发展研究，定期举办“中国善城大会”，实现慈善资源共享互补，促进东、中、西部城市慈善事业共同发展。

二　启动国内首个“慈善城市发展研究基地”

《慈善法》第八十八条规定：国家鼓励高等学校培养慈善专业人才，支持高等学校和科研机构开展慈善理论研究。中国城市慈善事业的发展一方面需要更多的城市基于各自优势，勇于创新，不断拓展慈善事业发展路径，将慈善逐步融入城市发展整体战略；另一方面，也需要加强慈善理论研究，总结和提炼城市慈善发展经验，研究城市慈善发展中面临的突出问题，寻求有效的解决方案，为城市慈善模式创新提供系统的理论支持。有鉴于此，国内首个“慈善城市发展研究基地”落地广州。

研究基地的建立呈现三个方面的特点。第一，研究基地的建设秉承多方共建的理念，中国慈善联合会、广州市慈善会、广州市公益慈善联合会以及国内知名高校和研究机构参与其中，有利于整合和链接国内外优质研究、人才和教育等资源，产出高质量的成果。第二，研究基地以新时代中国特色慈善理论与实践研究为基础，从慈善研究、人才培养、学术出版、政策倡导等多个层面为中国城市慈善事业的发展提供系统支持。第三，研究基地当下的重点工作应该围绕《慈善法》实施过程中涉及的关键议题开展，特别是在促进地方慈善立法、完善和修订慈善城市评价指标体系、研制慈善行业标准等三个方面可发挥更加积极而重要的作用。

三　初步建立了城市慈善协作网络与机制

2018 年，“中国善城大会”在广州的召开搭建了国内不同城市政府间慈善经验交流的有效平台，《创建慈善城市 · 广州行动》的发布则是与会各方进一步巩固大会成果，促进城市慈善交流机制化、常态化的重要举措。但广州行动的落实，需要持之以恒的努力。

第一，广州行动联合倡议城市在现代慈善事业发展中应发挥示范带动作用，特别是在搭建区域慈善平台、带动城市所在区域慈善事业发展中应发挥“引擎”作用。例如，粤港澳大湾区建设、长三角区域一体化发展等国家战略的推进实施，为慈善事业的协同发展带来新的机遇，区域慈善协作网络与机制的构建日显重要，这也是广州行动予以倡导的一大重点。

第二，在城市慈善协作网络建设过程中，除了主管慈善工作的民政等政府部门参与和支持外，中国慈善联合会以及各区域的慈善行业组织也应发挥重要的衔接作用，广泛动员会员单位参与，推动慈善行业发展水平的不断提升。

第三，应特别关注国内慈善事业发展中的区域不平衡问题。有鉴于此，广州行动将“促进东、中、西部城市慈善事业共同提升”作为重要目标之一。通过慈善协作网络的建设，努力促进慈善资源、人才、技术、服务、信息等有效流动，特别是实质性地支持中西部地区慈善组织发展、慈善政策创新、慈善人才培养等相关工作的开展。

B.14

“爱心 GDP”凸显广州慈善城市品牌效应

胡小军*

摘 要： 2018年11月5日，第五届“中国城市公益慈善指数”在广州发布。评价结果显示，珠三角地区慈善事业发展水平居于全国前列，广州、深圳、东莞、佛山、江门、中山、珠海这7个城市的综合得分均进入全国前100名。其中，广州位居全国第二，在中国城市慈善发展中发挥了良好的示范效应。基于广州多年的慈善实践经验，在推进慈善城市建设过程中，除了拓展社会捐赠渠道、创新慈善募捐方式外，还应着力推动慈善制度建设、政策创新和志愿服务组织的发展，为慈善事业的长远发展提供制度保障和社会参与基础。

关键词： 城市公益慈善指数 “爱心 GDP” 广州市

“中国城市公益慈善指数”是专业衡量我国区域慈善事业发展水平的综合监测和科学评价的指数体系。[①] 评估结果受到政府和社会各界的广泛关注，被称为城市“爱心 GDP”。2018年11月5日，第五届中国城市公益慈善指数在广州发布。指数从社会捐赠、志愿服务、社会组织、政府支持四个方面和结构、规模、贡献、可持续性四个维度，对我国221个样本城市在

---

* 胡小军，广州社会组织研究院执行院长，广州市慈善会理事。

① 王馨娜：《第四届中国城市公益慈善指数发布》，《社区》2017年第3期，第31页。

2016～2017 年的公益慈善事业进行了分析评估。① 结果显示，北京市、广州市和深圳市的综合指数得分位居全国前三。

一 珠三角地区慈善事业发展水平居于全国前列

自《慈善法》实施以来，珠三角地区慈善事业整体发展水平迈上新的台阶。2018 年，在中国慈善联合会发布的第五届“中国城市公益慈善指数”排行中，珠三角 9 个城市中的广州、深圳、东莞、佛山、江门、中山、珠海这 7 个城市综合得分均进入全国前 100 名（见表 1）。其中，广州位居全国第二，在中国城市慈善发展中发挥了良好的示范效应。

表 1 第五届中国城市公益慈善指数前 3 名及珠三角城市全国排名

单位：分

排名	城市	指标总得分（100 分）	分指标			
			社会捐赠（25 分）	志愿服务（25 分）	社会组织（25 分）	政府支持（25 分）
1	北京市	90.5	22.92	21.64	23.06	22.87
2	广州市	89.12	21.62	21.42	21.30	24.78
3	深圳市	89.02	21.60	20.95	21.93	24.54
15	东莞市	83.36	19.38	20.54	20.19	23.25
23	佛山市	82.55	20.04	18.85	19.66	24.00
26	江门市	82.12	18.60	20.32	18.65	24.55
31	中山市	81.04	18.37	19.61	19.48	23.57
69	珠海市	72.67	19.43	18.78	16.92	17.53

资料来源：《第五届中国城市公益慈善指数发布》，新华网，2018 年 11 月 5 日，http://www.xinhuanet.com/gongyi/2018-11/05/c_137583372.htm。

① 《中国善城大会在广州召开 第五届中国城市公益慈善指数揭晓》，中国慈善联合会网站，2018 年 11 月 9 日，http://www.charityalliance.org.cn/news/11868.jhtml。

二　“慈善城市”的创建应着力推动慈善制度建设

广州的慈善实践表明，慈善制度建设和政策创新在推动城市慈善事业发展中具有关键作用。分析第五届“中国城市公益慈善指数”各项指标得分可知，广州市在“政府支持”这一项的得分较高。早在2012年，广州市就颁布实施了《广州市募捐条例》，成为中国省会城市中第一部规范募捐的地方性法规，特别是公募权的开放曾对全国慈善行业产生重要影响，也为国家慈善立法提供了宝贵的地方经验。2016年，广州市贯彻落实《国务院关于促进慈善事业健康发展的指导意见》，制定出台《广州市人民政府关于促进慈善事业健康发展的实施意见》，为打造具有广州特色的现代慈善事业发展新格局提供了总的行动纲领。

2016年9月1日，随着《慈善法》的实施以及配套规定的陆续出台，广州市在慈善领域的制度建设进一步加快，特别是广州市提出创建“慈善之城”，并从2017年开始连续三年写入广州市政府工作报告。在此背景下，广州市在慈善监管、慈善信托、慈善募捐、企业参与等多个层面出台了一系列政策措施，为慈善事业的发展提供了坚实政策保障。

在城市慈善规划和政策设计中，广州遵循特色性、科学性和系统性三项原则。特色性主要强调广州慈善事业的发展要立足本土社会需求和优势资源，重点突出，避免“大而全”和千篇一律；科学性强调尊重慈善本质属性和发展规律，慈善规划与政策要与广州国家中心城市定位相匹配，对标全球城市，谋划慈善事业发展方向和路径；系统性则是指在将慈善纳入城市发展整体战略的同时，充分考虑现代慈善事业发展的关键要素，从慈善组织建设、慈善资源通路设计、慈善监管机制构建、慈善文化传承与再造、慈善服务深化和拓展等多个维度构建立体支持体系。

三　志愿服务是慈善事业发展的基础所在

在第五届“中国城市公益慈善指数”指标体系中，将“志愿服务”作为重要分项指标，凸显了志愿服务在现代慈善事业发展中的基础地位。广州是中国志愿服务起步最早的城市之一，近年来，广州非常注重对志愿服务组织的培育，通过广州市义务工作者联合会等枢纽型、支持型组织[①]，整合全市志愿服务资源，与社会服务机构、街道社工站（家庭综合服务中心）和各类志愿服务团队结成“广州社区义工服务联盟”，重心向下，紧密结合社区居民需求，践行“社工 + 志愿者”服务模式，开展接地气、顺民心的志愿服务项目。《广州市义工发展状况调查报告》中的数据显示，截至 2017 年底，广州注册义工数量为 196 万人，其中社区义工为 69 万人，社区义工服务队伍为 6000 多支，社区服务阵地为 2400 多个。

2017 年 12 月 1 日，《志愿服务条例》正式实施，这为志愿服务组织建设和志愿服务事业的发展提供了更加良好的制度保障。此外，2019 年 3 月，广州公益“时间银行”正式上线。其中，该系统的志愿服务智能管理功能可支持志愿服务组织在平台上发布志愿活动、志愿招募、志愿培训等信息，志愿者在平台实名注册并报名参加感兴趣的志愿服务活动，实现志愿服务的有效转介。同时，该系统也具备志愿服务时间的记录、存取、查询、捐赠等多种功能。[②] 可以预见，信息化技术的应用和志愿服务信息平台的搭建将更加有力地推动广州志愿服务的专业化、规模化发展，为城市慈善事业的发展构建更加坚实的社会基础。

---

① 广州市义务工作者联合会已于 2019 年 7 月更名为广州市志愿者协会。

② 《广州公益“时间银行”上线，APP 可下载试用》，广州日报大洋网，2019 年 3 月 5 日，http：//news. dayoo. com/guangzhou/201903/05/139995_ 52500463. htm。

B.15

“党建+公益”创投模式的广州实践与启示

许雅惠*

摘　要： 广州市社会组织公益创投活动自2014年启动以来，已连续举办6届。2018年，第五届广州公益创投首次明确规定已成立党组织且充分发挥作用的创投主体，在同等申报条件下享有获得资助的优先权。通过进一步强化党建在公益创投活动中的引领作用，促进社会组织党建与社会组织服务有机结合，党建品牌项目的带动与示范效应日趋显现。

关键词： 公益创投　党建引领　广州市

党的十九大报告明确提出“要以提升组织力为重点，突出政治功能，把企业、农村、机关、学校、科研院所、街道社区、社会组织等基层党组织建设成为宣传党的主张、贯彻党的决定、领导基层治理、团结动员群众、推动改革发展的坚强战斗堡垒”①，这为社会组织党建指明了方向。

加强慈善组织党建工作一直是广州慈善工作的重要一环。《广州市深化“羊城慈善为民”行动创建“慈善之城”2019年工作方案》提出，坚持党建引领，持续深化慈善事业发展体制改革，进一步完善慈善事业发展制度，不断健全具有广州特色的慈善事业发展政策体系。该方案提出要加快推进慈

* 许雅惠，中山大学社会学与人类学学院研究人员。

① 《习近平：决胜全面建成小康社会　夺取新时代中国特色社会主义伟大胜利——在中国共产党第十九次全国代表大会上的报告》，新华网，2017年10月27日，http://www.xinhuanet.com/politics/19cpcnc/2017-10/27/c_1121867529.htm。

善组织党的基层组织建设，严格落实“应建尽建”要求，以单独组建为原则，成熟一个，组建一个，持续扩大基层党组织在慈善组织的覆盖面。此外，广州提出要创新慈善组织党员管理服务方式，从严从实做好党员教育管理。

一　强化党建在公益创投活动中的引领作用

广州市社会组织公益创投活动（简称“广州公益创投”）自2014年启动以来，已连续举办6届，成为每年广州社会组织和公益慈善行业发展的一件大事。创投活动采取“60%政府资助+40%组织自筹”的方式，政府资助金额逐年递增，从第一届的1500万元增加到2240万元。与此同时，创投活动有效撬动社会资源，增强社会组织多元资源筹集能力。广州公益创投资金来源于福利彩票公益金，遵循“扶老、助残、救孤、济困”的宗旨，主要资助范围包括为老服务、助残服务、青少年服务、救助帮困、其他公益等。① 与往届相比，第五届广州公益创投首次明确规定已成立党组织且充分发挥作用的创投主体，在同等申报条件下享有获得资助的优先权。② 第五届广州公益创投资助的162个项目中，服务内容中直接含党建、党员参与公益服务的项目有10个（见表1）。

表1　第五届广州市社会组织公益创投活动获资助的党建项目

序号	执行单位	项目名称	项目类别
1	广州市番禺区福通智联家庭服务中心	党建乐颐红色晚年——番禺区医养结合1+2+N社区安老服务支援项目	为老服务类
2	广州市天河区徐克成关爱健康工作室	初心行动——党员医务工作者助力困难长者医疗支援项目	为老服务类

① 《广州市民政局广州市财政局关于印发〈广州市社会组织公益创投项目管理办法〉的通知》，广州市民政局社会组织信息平台网站，2013年10月22日，http://www.gzmz.gov.cn/gzsmzj/npozcfg2b/201502/dd6bee5ad45245f9b2bff4e571b6fa98.shtml。

② 《广州市民政局关于开展第五届广州市社会组织公益创投活动的通知》，广州市民政局社会组织信息平台网站，2018年3月26日，http://www.gzmz.gov.cn/gzsmzj/npotz/201803/d477b07dd82e4faebb556532af48e865.shtml。

续表

序号	执行单位	项目名称	项目类别
3	广州市南沙区启心社会工作服务中心	党群联动携手助老——独居、空巢、孤寡、失能、高龄老人生活帮扶计划	为老服务类
4	广州市从化区惠从社会工作服务中心	凝聚党员，义"耆"同乐——关爱从化偏远山区老年人公益服务项目	为老服务类
5	广州市天河区启智社会工作服务中心	牢记使命——青少年红色教育工作坊计划	青少年服务类
6	广州市延安精神研究会	"传承红色基因，争做时代新人"系列公益活动	青少年服务类
7	广州市法泽城市与公益研究中心	三元里共建共治共享社区治理创新	青少年服务类
8	广州市天河区绿日同学公益服务促进会	新时代红色行为小天使	青少年服务类
9	广州市黄埔区心灵家园服务中心	"党企社"共建，筑起孤儿保护伞	救助帮困类
10	广州市天河区冉秋菊党群服务中心	"红色引擎"——优秀党建基因孵化"两新"组织党建 + 方案	其他公益类

资料来源：《广州市民政局关于公示第五届广州市社会组织公益创投活动拟资助项目名单的公告》，广州市社会组织联合会网站，2018 年 5 月 23 日，http：//www. gzfso. org. cn/html/announcement/2018/0524/2505. html。

二 党建品牌项目的带动与示范效应正在显现

党建项目的执行团队能充分联动本单位或合作方的党支部、本单位党员职工、党员志愿者等多方党员力量参与其中。部分创投项目将党建内容融入项目设计及项目实施当中，形成鲜明的党建服务思路。例如，广州市天河区启智社会工作服务中心开展"牢记使命——青少年红色教育工作坊计划"，积极探索"党员社工 + 党员志愿者"模式，2016 年底成立了党员志愿者服务队，已吸纳会员 200 多人，党员志愿者服务队每周都会开展 50 多项志愿服务，提供 800 多个志愿服务岗位供志愿者网上报名参加。此外，启智社会工作服务中心党支部还创设了"党员示范岗"和"党员责任区"，要求党员志愿者必须佩戴党徽上岗，亮明党员身份，“零距离”联系服务群众，自觉接受群众的监督。①

此外，广州市番禺区福通智联家庭服务中心实施的“党建乐颐红色晚年——番禺区医养结合1+2+N社区安老服务支援项目”也具有一定典型性。该项目致力于发动合作单位党员职工力量，为番禺区南村镇雅居乐花园社区居民提供健康管理、预防保健服务，为东环街甘棠村社区高龄、重病、失能老年人提供基础护理、家庭病床、上门巡诊等服务。番禺区福通智联家庭服务中心党支部牵头，组织社会力量与政府进行合作，参与社区养老公共基础设施的建设，试点建设公益创投长者大数据应用中心、番禺区南村镇雅居乐花园社区医养结合长者服务驿站、番禺区东环街甘棠村科技助老服务护理驿站，探索医养结合服务模式。项目团队通过广泛开拓资源，积极与合作伙伴紧密联系、沟通调整实施策略，让项目得以顺利落地。②

三　社会组织党建与社会组织服务有机结合

第五届广州公益创投第一次采用“党建+公益”的红色创投方式，创新党建载体，推动社会组织党组织和党员在服务群众、团结群众中更好地发挥战斗堡垒和先锋模范作用，同时也拓宽了公益创投服务项目的对接平台，将社会组织党建与社会组织服务结合在一起。③ 一方面实现社会组织党组织的信息阵地资源、专业技术资源、人才队伍资源等各类资源充分集聚，最大化地服务群众；另一方面使社会公益力量、多元主体积极参与到社会治理创新中来，为推进社会治理体系和治理能力现代化、促进社会和谐善治提供坚

① 广州市社会组织服务交流中心：《党建引领　服务社群　启智探索社会组织党建新样本——广州市天河区启智社会工作服务中心党建案例》2019年4月23日。

② 广州市番禺区福通智联家庭服务中心：《党建乐颐红色晚年》项目资料。

③ 王聪、李国全：《广州创新社会组织公益创投形式：打造共建共治共享社会治理新引擎》，《南方日报》2018年5月22日，第A08版。

强的组织保证。[①]

第五届广州公益创投采取"资金资助+能力建设+项目评估"的立体支持模式，"党建+公益"主要体现在对10个党建或党员参与的创投项目较大资金支持力度上。其中，8个项目资助金额为20万元及以上，占本届资助金额20万元以上项目数量的17%。党建项目资助总额度为190万元，占本届创投总资助额度的8.5%。在能力建设方面，第五届广州公益创投开展专门针对创投主体的"同行计划"，包括财务专题、安全管理、新闻传播、项目管理、募捐管理、档案管理等专题培训。除保持资金资助力度外，在能力建设、项目评估等环节逐步融入党建工作的内容及手法，全方位打造红色创投，以党建引领公益创投创新发展，也为随后公益创投活动的深化发展积累了有效经验。

① 《广州创新社会组织公益创投模式，着力营造共建共享的社会治理新引擎》，广州市人民政府网站，2018年4月10日，http：//www.gz.gov.cn/gzgov/s7119/201804/d391a190ad024a7a8c8b51f7b25559fl.shtml。

B.16

“慈善+民俗”打造城市慈善文化品牌

许雅惠*

摘　要： 广州积极践行“人人慈善为人人”的理念和价值，推动慈善与教育、科学、文化、卫生、体育、环保、日常消费等结合，让慈善更便捷地融入市民群众生活。其中，以广州新春花市慈善行、慈善庙会为代表的“慈善+民俗”模式产生了良好的社会反响。广州的实践表明，城市慈善事业的发展应特别注重挖掘城市特色，凸显城市优势和文化。同时，慈善组织也应努力提升自身的创新力和整合力，主动适应互联网时代慈善事业发展的新趋势，面向广大公众，开发和实施更多易于参与、喜闻乐见的慈善活动，共同打造特色鲜明、充满活力的城市慈善文化品牌。

关键词： 民俗　慈善　广府文化

2018年2~3月迎春花市及广府庙会期间，广州市慈善会、广州市公益慈善联合会携手逾10家公益慈善组织分别推出“一起幸福——2018广州新春花市慈善行”活动和2018广府庙会之慈善庙会活动，通过摊位互动体验、慈善拍卖、慈善义卖、关爱儿童创意市集等多种形式，为“长者饭堂·爱心餐”、困境儿童救助、残障人士创业扶持等慈善项目筹集善款，在传统节日中注入更多的慈善元素，让市民、游客在领略广府传统文化的同时参与慈善。“民俗+慈善”也成为广州慈善的一大特色。

---

* 许雅惠，中山大学社会学与人类学学院研究人员。

一 “慈善+民俗”的组织实施模式

2018年2月的迎春花市，广州市慈善会、广州市公益慈善联合携手穗星社会工作服务中心、广州市荔湾区恒福社会工作服务社、广州市北达博雅社会工作资源中心、广州市中大社工服务中心、广州市伟博儿童福利基金会、广州市荔湾区萤火虫社会工作服务中心、广州市越秀区文化发展促进会、广州市黄埔区同心社会工作服务社、番禺区义工社会工作者联合会等11家机构，在越秀西湖花市、荔湾花市、海珠花市、番禺花市等五区共14个公益展位、13个公益募捐项目进行展示及义卖募捐。[①] 广益联募平台则为2018年新春花市的义卖募捐提供线上公开募捐平台。

截至2018年2月28日，“一起幸福——2018广州新春花市慈善行”线上筹款达267409.79元，线下筹款达160694.9元。参加募捐的机构中，有5家机构的6个项目筹得善款超10000元，有2家机构的2个项目筹款超5000元。其中，广州市伟博儿童福利基金会的“快乐公益，爱满小家”项目筹得94555元，番禺区义务社会工作者联合会的“新春义卖帮助困难家庭”项目筹得16765元，广州市荔湾区萤火虫社会工作服务中心的“乐彩乡村，筑梦未来”计划筹得13144.5元，广州市中大社工服务中心的“留住记忆”文化保护计划和“乐安居”公房改善计划共筹得17200.9元，广州市穗星社会工作服务中心的“百家公益基金”项目筹得11037.3元。[②]

2018年3月2日，2018广府庙会在广州城隍庙忠佑广场举行开幕展演。“2018广府庙会之慈善庙会活动”同步启动。2018广府庙会设立慈善庙会专场，3月2~8日，设立14个公益展位，将慈善全面融入庙会这种传统节庆活动，作为广府庙会的重要组成部分，汇聚社会合力，助力广州创建慈善

① 《行花街 做善事丨“一起幸福——2018广州新春花市慈善行”活动》，广益联募微信公众号，2018年2月14日，https://mp.weixin.qq.com/s/krOazIfg8yD5Y9IAm8p1Vw。

② 《广州2018新春花市爱意浓浓，线上线下慈善筹款超42万元》，网易，2018年3月1日，http://dy.163.com/v2/article/detail/DBQANNDE0514AFQ9.html。

之城。同时，广州市慈善会、广州市越秀区文化发展促进会共同设立“广府庙会公益基金”，所筹善款的主要用途以“一老一少”为主题，“老”是指用于“长者饭堂·爱心餐”项目筹集善款；“少”是指用于困难家庭儿童免费文化艺术培训项目，让贫困孩子也有机会平等接受更好的艺术教育。①

除公益展位义卖募捐以外，3 月 4 日上午，越秀区中山四路城隍庙忠佑广场举办以“善举长者餐，福泽越秀人”为主题的第八届广府庙会慈善义拍活动，最终筹得近 12 万元善款，该善款全部用于“长者饭堂·爱心餐”项目。本次广府庙会的特别之处是，开启了慈善“互联网 +”的新模式，更方便公众捐赠。除了每个摊位前设有的捐款箱外，在慈善庙会专区、城隍庙、北京路步行街沿线摊位，到处可见“长者饭堂·爱心餐”项目宣传海报和广府庙会公益基金捐赠二维码。截至 2018 年 3 月 9 日，2018 年慈善庙会活动线上线下共募集善款 325326. 3 元。②

二　“慈善 + 民俗”模式的拓展与深化

在 2018 年首次举办新春花市慈善行经验的基础上，2019 年 2 月 2 ~ 5 日，广州市慈善会、广州公益慈善联合会主办“一起幸福——2019 广州新春花市慈善行”，联合 28 家公益慈善组织，在全市 10 个区的花市设置公益慈善展位 30 余个，慈善花市规模较 2018 年得到更大拓展。这些公益慈善展位开展新春慈善义卖、项目宣传推介、公益体验等活动，为 36 个项目进行募款。经过遴选参与新春花市慈善行活动的优秀公益项目涉及困境儿童帮扶、残障人士就业、社区融合、扶贫济困、长者服务、孕产妇抑郁情绪支持等多个领域（见表 1）。

---

① 《广府庙会开启慈善“互联网 +”模式，逛吃献爱心三不误!》，广州民政微信公众号，2018 年 3 月 2 日，https：//mp. weixin. qq. com/s/yA9AOPrSkV5buVwLX - we6Q。

② 《庙会 7 天有乐又有爱，2018 广府慈善庙会完美收官！募善款超 32 万元》，网易，2018 年 3 月 10 日，https：//c. m. 163. com/news/a/DCHEO0OR0514AFQ9. html。

表1　2019新春花市慈善行活动公益慈善展位（部分）

花市	项目名称	服务对象	机构名称
越秀区	和生命一起努力	癌症儿童	广州市金丝带特殊儿童家长互助中心
	红种子的传承	留守儿童、长者	广州市荔湾区萤火虫社会工作服务中心
	“社区困境长者健康管理项目”、“乐安居”公房改善计划	困难长者、困难居民	广州市中大社工服务中心
	快乐公益　大爱救心	贫困先心病患儿	广州市伟博儿童福利基金会
	广府庙会公益基金	长者、儿童等	广州市越秀区文化发展促进会
	粮满羊城	困难群体	广州市北斗星社会工作服务中心
	30天拯救计划	流浪动物	广州市越秀区阿派关爱小动物社会发展中心
	从小学慈善2019	小学生	广州市公益慈善联合会
海珠区	海珠区慈善济困救助项目、百家公益基金项目	困难群体	广州市穗星社会工作服务中心
荔湾区	“艺-成长”就业计划	待业人士	广州市荔湾区逢源人家服务中心
	残障人士过渡性就业计划	残障人士	广州市广爱社会工作服务中心
	2019空巢老人暖心饭局	空巢老人	广州市荔湾区正心社会工作服务中心
	孕产妇抑郁情绪支援计划	孕产妇	广州市中大社工服务中心
	“心灵手巧”2019迎春花市视障人士手工作品义卖活动	视障人群	广州市融爱社会服务中心
	困境家庭生活援助项目	困境家庭	广州市新跨越社会工作综合服务中心
	“守护星星”特殊儿童项目、一张灭火弹毯一份长者安全计划	自闭症儿童、长者	广州市北达博雅社会工作资源中心
	困境长者居家安全微改造、以老养残家庭微心愿项目	困境长者、残障人士	广州市荔湾区恒福社会工作服务社
	突困联动计划	困境居民	广州市心乐园社会工作服务中心

资料来源：《2019广州新春花市慈善行开锣》，搜狐网，2019年2月2日，http：//m.sohu.com/a/293036582_ 120091004。

与2018年相比，2019年的慈善花市在2月2日方可实地体验，但网上慈善花市已一早启动，广益联募平台提前上线“一起幸福·慈善花市专题”善捐项目。据统计，截至2月12日，慈善花市累计募集善款超过91万元，参与捐款者超过2.5万人次，参与志愿者有6000余人，无论是规模还是善款金额均超过2018年。[①]

三 “慈善+民俗”带来的启示与思考

在《广州市人民政府关于促进慈善事业健康发展的实施意见》中，提出“创新慈善募捐形式”。其中，又特别强调“推动慈善与教育、科学、文化、卫生、体育、环保、日常消费等的结合，搭建中小企业、商户、社会公众与慈善事业的桥梁，让慈善更便捷地融入市民群众生活”。近年来，广州在这方面进行了卓有成效的探索，特别是在“慈善+民俗”和“慈善+运动”等新的公众参与和募捐模式的开发与实践为其他地区提供了可参照的样本。

无论是慈善花市还是慈善庙会，抑或在广州举办的形式多样的慈善体育活动，面向市民筹款毫无疑问都是重要目标，但这些活动的举办也富有更加深刻的意涵。首先，必须深刻理解现代慈善事业的持续发展，除了需要立足高远的“顶层设计”之外，更需要凝聚每一个微小个体的智慧和力量。因此，“人人慈善为人人”一直是广州慈善秉持的基本理念和原则。其次，慈善组织必须主动适应互联网时代下慈善事业发展的潮流和趋势，开发和实施面向普通公众、易于参与、体验性强的慈善活动，创新能力和整合能力应成为慈善组织的核心能力。最后，城市慈善事业的发展应注重挖掘城市特色，凸显城市优势，打造特色鲜明、充满活力的城市慈善文化品牌。

---

① 苏小星：《慈善花市：百年民俗新元素 羊城慈善新品牌》，公益时报网站，2019年6月11日，http://www.gongyishibao.com/html/shehuichuangxin/16723.html。

B.17
广州积极引导社会组织助力脱贫攻坚

梁灼彪*

摘　要：　社会组织是构建专项扶贫、行业扶贫、社会扶贫“三位一体”大扶贫格局的重要组成部分。广州市积极引导和动员社会组织参与脱贫攻坚，并出台相关政策，鼓励建立健全援助帮扶机制、发挥社会组织专业优势、开展结对帮扶。广州市社会组织通过多种形式参与脱贫攻坚行动，开展了富有成效的工作。2019 年是全面建成小康社会的关键之年，也是脱贫攻坚战决胜之年，为了巩固广州市社会组织参与脱贫攻坚成果，可进一步优化社会组织参与脱贫攻坚工作的协调统筹机制，建立社会组织参与脱贫攻坚供需匹配平台，完善社会组织参与的激励及监督机制，支持社会组织制定更为长远的项目规划，建立长效、持续的帮扶机制。

关键词：　脱贫攻坚　社会组织　社会扶贫　广州市

党的十九大报告指出打赢脱贫攻坚战需要动员全党全社会力量共同参与。《国务院扶贫开发领导小组关于广泛引导和动员社会组织参与脱贫攻坚的通知》中对社会组织在脱贫攻坚中的角色予以明确定位，即社会组织是联系爱心企业、爱心人士等社会帮扶资源与农村贫困人口的重要纽带，是动

---

* 梁灼彪，广州社会组织研究院学术研究部部长。

员组织社会力量参与脱贫攻坚的重要载体，是构建专项扶贫、行业扶贫、社会扶贫“三位一体”大扶贫格局的重要组成部分。[①] 与此同时，还提出了社会组织参与脱贫攻坚的重点领域，具体包括参与产业扶贫、教育扶贫、健康扶贫、易地扶贫搬迁，倡导志愿扶贫等。广州市社会组织积极响应党中央号召，发挥组织各自专业和资源优势，参与脱贫攻坚行动。

一 政策积极引导社会组织参与脱贫攻坚

广州市社会组织管理局贯彻落实党中央、国务院和广东省、广州市相关政策，制定印发了《关于进一步引导和动员社会组织积极参与脱贫攻坚的通知》，对广州市社会组织参与脱贫攻坚的主要领域和工作重点提出要求和指引（见表1）。广州市社会组织联合会也向全市社会组织发出参与脱贫攻坚倡议书，号召社会组织在脱贫攻坚工作中做到四点：一是高度重视，广泛参与；二是发挥优势，主动作为；三是精准帮扶、常态长效；四是依法依规，信息公开。[②]

表1 广州市社会组织参与脱贫攻坚工作重点

工作重点	核心内容
建立健全援助帮扶机制	市、区社会组织登记管理机关要按照市委市政府关于实施脱贫攻坚的总体部署，围绕扶贫开发工作重点和总体目标，鼓励、支持和引导社会组织从帮助困难群众解决最直接、最现实、最紧迫的问题入手，在扶贫济困、救急解难等方面广泛开展慈善帮扶活动，切实与政府脱贫攻坚形成合力，实现社会组织参与社会建设和社会治理的良性互动

① 《国务院扶贫开发领导小组关于广泛引导和动员社会组织参与脱贫攻坚的通知》（国开发〔2017〕12 号），国务院扶贫开发领导小组网站，2017 年 11 月 22 日，http：//www.cpad.gov.cn/art/2017/12/5/art_ 50_ 74541.html。

② 《广州市社会组织参与脱贫攻坚工作会议顺利举行》，中华人民共和国民政部网站，2019 年 3 月 27 日，http：//mzzt.mca.gov.cn/article/zt_ 2018tpgjz/zyxz/gzdt/201903/20190300015914.shtml。

续表

工作重点	核心内容
发挥社会组织专业优势	充分发挥社会组织汇聚人才、覆盖面广的优势，为贫困地区和贫困群众提供心理疏导、精神关爱、能力提升、教育咨询等各类专业服务。组织社会组织参与“羊城慈善为民行动”“广州善行者”等对口扶贫公益活动，探索创新社会组织对口扶贫品牌项目，建立形成社会组织参与脱贫攻坚工作长效机制、特色平台
积极鼓励开展结对帮扶	鼓励社会组织通过“一对一”“一对多”等方式，与贫困村、贫困户开展结对帮扶。积极引导公益慈善组织参与困境儿童关爱保护工作，积极参与“成长道路、相伴童行”——广州市百名困境儿童结对帮扶项目，将困境儿童与企事业单位、基金会与热心人士等进行联系，实现受助者需求与服务机构资源、服务的精准对接，织密扎牢困境儿童保护网

二　广州市社会组织参与脱贫攻坚的实践做法

广州市社会组织在政府引导下积极参与脱贫攻坚行动，通过多种形式帮助困难群体。以下按照社会组织的不同类型，对慈善会、基金会、行业协会、社工机构等参与脱贫攻坚的实践进行初步介绍。

第一，各级慈善会积极参与“广东扶贫济困日”活动，募集善款，助力脱贫攻坚工作开展。例如，广州市慈善会在2016～2018年共筹集款物16.61亿元，其中2016年筹集4.85亿元，2017年筹集5.45亿元，2018年筹集6.31亿元，主要用于扶贫、扶老、助残、助孤等领域。[①]

第二，基金会参与脱贫攻坚。例如，广州市华新慈善基金会在乡村脱贫、长者关爱、儿童教育等多个领域做了大量工作，其参与脱贫攻坚主要有两大项目板块，分别是“华新扶困同行”以及“华新善爱汇海”。“华新扶困同行”围绕乡村发展、教育公平等扶贫重点，提供贫困儿童助学、农村基础生活设施助建、产业扶持等服务；“华新善爱汇海”则着眼于社区困境儿童、困难长者两大困难群体，通过资助项目开展，从生活、教育、医疗等

① 《【信息速递】广州市创新发展慈善事业，积极创建慈善之城》，搜狐网，2018年7月4日，http：//www.sohu.com/a/239325784_806491。

多方面为服务对象提供引导和支持，服务覆盖广州、梅州、贵州毕节等多个地区。

第三，行业协会参与脱贫攻坚。例如广州市医疗行业协会积极发动协会会员捐款捐物。通过策划、组织、推动、参与社会各界公益活动，倡导会员单位履行社会责任、服务社会公众，积极回馈社会。2018 年 9 月，举办“成长道路相伴童行”活动，为广州市百名困境儿童结对帮扶项目募集捐款近 13 万元。此外，协会发挥自身优势开展专业服务帮扶，发起的“羊城口福大行动”公益种牙工程、“仁医惠民 · 爱在羊城”广州市农村特困老人健康关爱行动等公益计划具有较好的社会影响。

第四，社工机构参与脱贫攻坚。基于民政部印发的《社会工作服务机构“牵手计划”实施方案》《关于支持社会工作专业力量参与脱贫攻坚的指导意见》等文件，广州市社工机构积极参与脱贫攻坚工作，其最大特点是结合民政部“牵手计划”，通过政府引导方式进入贫困地区开展服务。与其他社会组织扶贫方式不同的是，广州市社工机构参与脱贫攻坚除了筹集资源外，还通过发挥专业优势帮助贫困地区培育服务项目和提升当地社会工作人才能力。例如广州市同心社会工作服务中心把广州社会工作的经验传递到毕节，2018 年 1 月成立了毕节市首家专业社会工作机构——毕节市同心社会工作发展中心，并助力毕节同心成功承接了毕节市首个政府购买服务——威宁县七里冲社区的居家养老服务。

此外，特别值得提到的是，广州市公益创投活动持续资助社会组织在脱贫攻坚领域进行服务创新。其中，较为突出的案例是广州市越秀区齐志社会工作服务中心受公益创投项目资助开展“护苗计划——为困境儿童齐筑童梦”，通过整合资源，打造和实施“护苗义工服务”“梦想圆梦帮扶”“自信素质培养”三大服务模块，解决困境儿童学习和生活困难，提升综合素质。①

---

① 《“护苗计划－为困境儿童托起梦想”启动仪式圆满结束!》，搜狐网，2018 年 6 月 23 日，http：//www. sohu. com/a/237468533_ 424097。

三 建立长效机制，巩固社会组织参与脱贫攻坚成果

综合分析以上不同类型社会组织参与脱贫攻坚行动，可以看出，与传统的单纯捐钱捐物参与扶贫方式不同，广州市社会组织参与脱贫攻坚有以下三个方面的特点：第一，政府层面积极引导和支持，无论是相关政策的制定和发布，还是公益创投项目的资金支持，广州市一直积极引导社会组织参与脱贫攻坚行动；第二，社会组织能够发挥其特长，开展脱贫攻坚工作，这一点特别体现在社工机构、行业协会的扶贫工作中；第三，广州市企业、社会公众的参与度高，特别是在“广东扶贫济困日”活动期间，企业和公众的捐款连年增长，全社会对脱贫攻坚的关注度高，对社会组织参与脱贫攻坚的支持度也较高。

2019 年是全面建成小康社会的关键之年，也是脱贫攻坚决战决胜之年。为了更好地推动广州市社会组织参与脱贫攻坚，可继续深化以下几个方面的工作：一是进一步优化社会组织参与脱贫攻坚工作的协调统筹机制，提升社会组织扶贫整体效率；二是建立社会组织参与脱贫攻坚供需匹配平台，发挥不同社会组织的专业优势，实现资源和需求的有效配置；三是完善社会组织参与脱贫攻坚的激励及监督机制；四是支持社会组织巩固脱贫攻坚工作成果，制定更为长远的项目规划，建立长效帮扶机制。

B.18
“慈善家庭”促进慈善融入广州市民生活

邓榕兰*

摘　要： 公益慈善事业的发展既需要立足长远的战略设计，又需要凝聚每一个微小个体的智慧和力量。广州市民政局等部门在2018年发起的寻找“慈善家庭”活动，让慈善理念更加深入普通市民生活，也让慈善成为市民的一种生活方式，同时，也让我们看到公众参与慈善的三大转变：第一，越来越多的人从单纯的捐款捐物走向身体力行地参与志愿服务；第二，越来越多的人开始关注身边的公益，关注自身社区的建设和发展；第三，越来越多的人开始从单纯的公益参与者转变为公益的积极倡导者和传播者。

关键词： 慈善家庭　生活方式　广州市

2018年6月，广州市民政局、广州市精神文明建设委员会办公室、广州市妇女联合会以“慈善为民，爱传万家”为主题，在全市范围内启动寻找“慈善家庭”活动。通过深入挖掘热心公益、乐于助人、奉献社会的慈善家庭，进一步发挥榜样的引领作用，激发家庭参与慈善热情，弘扬崇德向善的慈善精神，突出慈善进家庭理念，营造“人人可慈善、人人为慈善、人人做慈善、人人分享慈善”的良好社会风尚，使慈善理念逐渐深入每一

* 邓榕兰，广州社会组织研究院项目专员。

个社区、家庭和市民生活之中。① 2018年9月，10户年度"广州市十大最美慈善家庭"和90户"广州市优秀慈善家庭"揭晓。其中，既有"三代同堂义工组合"家庭，也有家庭成员虽身有残疾，但全家坚持做公益的家庭。寻找"慈善家庭"活动以其鲜明的主题和温暖有爱的价值传递，成为2018年度广州慈善领域的一大亮点。

一 寻找"慈善家庭"的组织实施过程

寻找广州市"慈善家庭"活动按照"广泛发动、审核把关、投票评选、公布结果、荣誉宣传、总结提升"等六个阶段有序开展。② 整体而言，在活动伊始，广泛动员各区、各单位、各公益慈善组织开展慈善家庭寻找活动，采取活动带动、媒体预热等方式，利用家庭综合服务中心、慈善广场、慈善超市等服务阵地，大力宣传活动，深入挖掘热心公益、乐于助人、奉献社会的慈善家庭。广州市民政局、市文明办、市妇联及家庭文化专家代表组成评审小组，最终确定100个优秀慈善家庭，并向社会公示。

在活动中期，开展网上公众投票，并在100个优秀"慈善家庭"中重点评出10个最美"慈善家庭"，通过报纸、电视、广播、网站、微博、微信等方式，积极宣传"慈善家庭"的先进典型事迹。在活动后期，及时总结"慈善家庭"活动开展情况，提炼经验。探索建立寻找"慈善家庭"长效机制，畅通渠道，讲述慈善好故事，传递慈善好声音，让寻找"慈善家庭"成为慈善工作的一种常态，让争做"慈善家庭"成为一种追求。

① 《寻找100个优秀"慈善家庭"》，广州日报大洋网，2018年6月6日，http：//news. dayoo. com/guangzhou/201806/06/139995_ 52195452. htm。

② 《广州市民政局 广州市精神文明建设委员会办公室 广州市妇女联合会关于开展广州市2018年深化"羊城慈善为民"行动创建"慈善之城"之寻找"慈善家庭"活动的通知》，广州市民政局网站，2018年6月4日，http：//www. gzmz. gov. cn/GZ09/2. 3/201806/e19ea234be144f39922332f2b2b2368a. shtml。

二 最美“慈善家庭”的典型特征分析

通过对2018年度“广州市十大最美慈善家庭”[①] 的事迹进行分析，可以发现，这些家庭主要呈现如下几个特征。

第一，注重慈善的代际传承。例如在任永全家庭中，任永全是广州义工形象大使和行动大使，他发起成立“任永全明星义工队”，带动母亲、女儿组成广东颇有名气的“三代同堂义工组合”；在陈兆年家庭中，从陈兆年的父亲到陈兆年的女儿，一家五口热心社会公益事业，至今为地方教育、文化等慈善事业捐赠超过2亿元，仅近5年就捐赠超过6000万元。

第二，注重慈善参与的长期性和持续性。例如在李锦文家庭中，李锦文创办广州市乐善助学促进会，14年来全职做义工，带领乐助会在全国11个省71个县开展助学工作，至今捐赠金额有4000多万元。自创立乐助会以来，李锦文的妻子便与他一起做义工，儿子也从四年级开始加入志愿者行列，并坚持至今。在谢仲馀家庭中，谢仲馀作为广州市金象工业生产有限公司董事长，30多年来主动资助孤寡老人、烈军属及困难人士约3000万元。在父亲的影响下，女儿也积极投身双拥慈善工作中，参加各项慈善活动，连续23年向全荔湾区的烈军属、孤寡老人赠送慰问金。

第三，资深公益人对家庭的感召力强。例如在雷建威家庭中，雷建威是“全国优秀志愿者”，儿子身残志坚，在市少年宫为心智障碍少儿服务；女儿是广东“美德好少年”，年纪虽小，但经常参加公益活动，义演义卖筹款；妈妈也全力支持一家人的公益事业。在徐靓家庭中，徐靓不仅是“母乳爱”志愿服务队的队长，也是国内首家母乳库001号捐赠者。她的家人也是母乳爱的志愿者，徐靓家庭曾荣获“全国最美家庭”和“广州市最美家庭”称号。

---

① 《2018年度广州市十大最美慈善家庭出炉》，广州市民政局广州慈善信息发布平台网站，2018年9月28日，http：//www. gzmz. gov. cn/gzsmzj/csmtxw/201809/920e82c2739a44a4bd835a218f1fc895. shtml。

三 让慈善成为一种生活方式

公益慈善事业的发展既需要立足长远的战略设计，又需要凝聚每一个微小个体的智慧和力量。随着“人人公益”理念的不断传播以及互联网公益的快速发展，公众参与慈善的方式更加多样，慈善也开始成为很多人的一种生活方式，这主要体现在三个方面。

第一，越来越多的人从单纯的捐款捐物走向身体力行地参与志愿服务。特别是随着《志愿服务条例》的实施，志愿服务组织将得到更大的发展，为公众参与志愿服务提供更多的机会和渠道。此外，诸如公益“时间银行”和“i志愿”等志愿服务信息平台的建设和发展，让公众参与志愿服务的渠道更加通畅，有效推动着志愿服务的规模化发展。

第二，越来越多的人开始关注身边的公益，关注自身社区的建设和发展。一方面，以社区居民为主体发起的各类社区型公益组织开始增多，成为推动社区居民参与公益的重要平台和载体；另一方面，近年来社区基金（会）的发展逐步加快，通过积极动员社区资源回应社区问题和需求，打造“家门口的公益”模式，公益慈善也成为社区建设的关键领域。

第三，越来越多的人开始从单纯的公益参与者转变为公益的积极倡导者和传播者。例如，广州市慈善会以“设立你的基金，做你喜欢的慈善”为理念，推动个人冠名慈善基金设立，人人都能成为慈善家。只需要100元启动资金，每年注入资金不低于500元，便可以在广州市慈善会基本账户下设立冠名基金，实行专项管理、专款专用。[①] 很多市民通过在慈善会设立个人基金，带动家人、朋友和同事等持续参与公益。

① 《只需100元，广州市民就可设个人慈善基金》，广州日报大洋网，2019年6月11日，http：//news. dayoo. com/guangzhou/201906/11/139995_ 52633318. htm。

B.19
广州探路全日制公益慈善学历教育

许雅惠*

摘　要： 广东岭南职业技术学院公益慈善学院在公益慈善人才学历教育方面进行了积极探索。通过与中国当前公益慈善学历教育模式的比较，本文提出，广东岭南职业技术学院公益慈善学院可进一步协同公益行业，增强学生的一线实践和操作能力，形成学院的办学特色。此外，应该特别注重整合广东岭南职业技术学院优质师资，逐步形成以学院跨学科教师为主体、校外教师为补充的师资队伍，保证人才培养工作的持续性。

关键词： 慈善教育　人才培养　公益慈善

《慈善法》第八十八条规定：国家鼓励高等学校培养慈善专业人才，支持高等学校和科研机构开展慈善理论研究。2016 年 9 月，教育部将“690209 公益慈善事业管理”专业纳入《普通高等学校高等职业教育（专科）专业目录》。2018 年 4 月 1 日，广东岭南职业技术学院公益慈善学院成立。学院目前设置了两个主要专业方向，即社会工作方向及公益慈善事业管理（社会组织管理）方向，在探索公益慈善人才学历教育方面迈出探索性的步伐。

---

* 许雅惠，中山大学社会学与人类学学院研究人员。

一 岭南公益慈善学院的探索与规划

2018 年，岭南公益慈善学院已面向应届高中毕业生招收社会工作专业（专业代码 016901）的学生。2019 年，岭南公益慈善学院根据招生计划，社会工作方向拟招收 90 人，公益慈善管理方向拟招收 40 人。其中，通过普通高考招生人数拟为 50 人，通过学业水平考试的招生人数为 50 人，通过自主招考（即通过高中校测职业适应性测试）招收 30 人。①

按照学院发布的专业介绍说明，公益慈善事业管理专业主要培养社会组织管理人才，具有强烈社会责任感和公益慈善理念，掌握社会组织管理、公益慈善管理和公共管理的基础理论，具有管理人员基本素养和职业能力，有国际视野、独立处事能力、创新意识，能够胜任社会组织、公益慈善机构和企业责任部分的专门人才。

开设的主干课程包括公益慈善概论、管理学原理、社会学概论、社会工作概论及实务、社会调查方法、公共政策及法规、统计学、非营利组织管理、公益慈善组织战略管理、公益慈善组织财务管理、项目管理、项目设计与评估、品牌传播与公共关系管理、公益筹款与营销、企业社会责任、公益创投与资助管理等。就业方向设定为本专业毕业生毕业后可从事慈善组织管理岗位（政府部门）、慈善组织项目官员、志愿者管理岗位、公关传播岗位、筹资岗位、企业社会责任部门或市场营销部门等工作。②

二 国内公益慈善学历教育发展状况

目前，国内针对公益慈善本科学历教育探索起步较早的主要有北京师范大学珠海分校宋庆龄公益慈善教育中心的教育学（公益慈善管理与教育方

① 《广东岭南职业技术学院岭南公益慈善学院招生简章》，2019 年 3 月 6 日。

② 《广东岭南职业技术学院岭南公益慈善学院招生简章》，2019 年 3 月 6 日。

向）本科辅修培养、南京工业大学浦江学院公共事业管理（公益慈善管理方向）本科四年制培养。

北京师范大学珠海分校宋庆龄公益慈善教育中心由上海宋庆龄基金会、基金会中心网和北师大珠海分校三方于2012年5月合作设立，在中国高校率先开展公益慈善领域本科层次人才的培养。北京师范大学珠海分校宋庆龄公益慈善教育中心历经“2+2”跨专业培养模式、四年制模式、辅修模式，并尝试向教育部申请办公益慈善管理四年制本科，但当前在专业设置上未能获得批准，最终选择以面向全校学生跨专业开设公益慈善管理方向辅修的形式，进行公益人才培养，这也为我国通过高等院校系统化培养公益慈善专业人才开了先河。

教育学（公益慈善管理与教育方向）本科辅修培养模式如下。第一，依托基金会中心网，主要面向国内有实力有影响的公益慈善组织和机构试行订单式培养。学生选择修读本专业方向须经条件考核。第二，由学校面向全校各专业大二学生开设辅修，充分体现为学生构建公益慈善岗位要求的复合型的知识与能力结构，如行政管理+公益慈善事业管理，市场营销+慈善推广，会计学+慈善财务管理，教育学，心理学+慈善宣传与专业服务，等等。第三，辅修总学分为30学分。第四，注重国际化培养途径，包括借鉴发达国家经验设计专业课程、聘请国际知名公益慈善教育专家任教等。首届学生于2012年9月开学，截至2019年5月，已培养7届学生共273人。其中，在校生89人，毕业生184人。① 就业单位以基金会为主，特别是公募基金会，地域上以北京、上海、广州、深圳为主要就业地，就业岗位以项目管理、筹资、传播岗位为主。②

南京工业大学浦江学院于2014年与中国侨联合作成立公益慈善管理学

① 《公益慈善管理方向第八届学生招生选拔的通知》，北京师范大学珠海分校宋庆龄公益慈善教育中心网站，2019年5月11日，http://ecop.bnuz.edu.cn/info/1012/1733.htm。

② 《慈善学人丨行业与院校跨界协同培养公益慈善人才的思考》，公益慈善学园网站，2019年1月24日，http://www.charityschool.org.cn/schoolDetail.htm?id=532dbe02-7524-4e9b-a3fe-99d287cd470c。

院，其遵循“工本位”办学理念，致力于培养公益事业发展急需的项目管理、资金筹集、公关传播等方面有专长的复合型、应用型专门人才。开设的课程主要包括公益慈善管理概论、公益项目设计和管理、筹资管理和技巧、公益项目评估、公益公关管理、公益传播策略、公益组织人力资源管理、公益组织财务管理等。①

据对首届（2018 届）毕业生毕业情况统计，学院公益慈善管理专业 93 名毕业生中，50% 以上的毕业生被公益慈善组织聘用，其中近 30 名同学被中国扶贫基金会、中国妇女发展基金会、爱德基金会、江苏陶欣伯助学基金会、南京市慈善总会等 5A 级和知名公益慈善组织聘用，分布在北京、上海、深圳、南京、苏州、嘉兴等城市。②

三 未来的发展方向与展望

与北京师范大学珠海分校宋庆龄公益慈善教育中心、南京工业大学浦江学院关注本科层次的公益慈善人才培养不同，岭南公益慈善学院主要关注的是专科层次人才培养。三家院校所依托的专业也不同，宋庆龄公益慈善教育中心主要依托的是教育学专业，南京工业大学浦江学院主要依托公共管理专业，而岭南公益慈善学院则更加倾向于社会工作专业。三家院校的培养目标皆突出项目管理、资金筹资、传播等公益慈善行业凸显的专业能力要求，并都专注于培养复合型、应用型人才。

另外，宋庆龄公益慈善教育中心和岭南公益慈善学院皆强调跨界院校协同行业组织对青年公益人才培养的重要性。从三家院校的教学内容来看，国内公益慈善学历教育的课程框架基本形成，皆涵盖公益慈善概论、公益慈善法律法规、非营利组织管理、项目设计、品牌传播、公益劝募等公益慈善领域核心内容。在理论学习的基础上，宋庆龄公益慈善教育中心及岭南公益慈

---

① 《公管学院简介》，浦江公益慈善管理微信公众号，2015 年 9 月 12 日。

② 《首届中国公益慈善管理四年制本科生毕业典礼在南工大浦江学院举行》，扬子晚报网，2018 年 6 月 18 日，http://www.yangtse.com/app/education/2018-06-18/575301.html。

善学院也强调实务实践在课程设置中的重要性，向学生提供实地参访、前往行业优秀组织的实习等机会。以宋庆龄公益慈善教育中心为例，目前公益慈善管理方向的学历教育有较好的培养成效及影响，更多毕业生选择进入公益慈善行业就业，就业单位较好，“毕业生到了一个工作单位会更好、更快地适应工作，且比较稳定，间接降低工作用人单位的用人成本，上手比较快”①。

就岭南公益慈善学院对全日制公益慈善学历教育的探索而言，随着目前社会组织领域对专业人才需求增加以及公益行业人才结构的逐步优化，未来可进一步协同公益行业，通过“理论教学 + 实践实训 + 访学研修”等培养模式，增强学生的一线实践和操作能力，形成学院的办学特色。此外，应该特别注重整合广东岭南职业技术学院优质师资，逐步形成以学院跨学科教师为主体、校外教师为补充的师资队伍，保证人才培养工作的持续性。

① 《慈善学人丨国内首个公益慈善本科人才培养项目回顾与评估》，公益慈善学园网站，2019年1月24日，http://www.charityschool.org.cn/schoolDetail.htm?id=da1c38b5-d799-4de3-af1d-3460ab988046。

附　　录

Appendices

B.20
2018年广州十大慈善事件

一　慈善花市慈善庙会为传统节日注入慈善元素

2018 年迎春花市期间和广府庙会期间，广州市慈善会、广州市慈善联合会携手逾十家公益慈善组织分别推出“一起幸福——2018 广州新春花市慈善行”活动和 2018 广府庙会之慈善庙会活动。活动通过公益基金、摊位互动体验、慈善拍卖、慈善义卖、关爱儿童创意市集等多种形式为“长者饭堂·爱心餐”等慈善项目筹集善款，在传统节日中注入更多的慈善元素，让市民游客在领略广府文化的同时，感受并参与慈善。

二　广州探路全日制公益慈善学历教育

4 月 1 日，在广州市民政局指导下，岭南公益慈善学院在广州正式揭牌成立，该学院是广东省内首家全日制公益慈善学院，致力于推动公益慈善人才培养、进行公益组织创新研究。学院的成立标志着广东省拥有了一个真正意义上的公益慈善学院，是推动公益慈善人才学历教育发展的一大创举。

三　广州发布区域慈善指数体系和慈善组织透明度评价体系

4月10日，广州发布区域慈善指数体系和慈善组织透明度评价体系。区域慈善指数体系从慈善活动力、慈善组织力、慈善贡献力等6个维度进行评价，是全国首个针对区域慈善事业的评价体系。7月广州市公益慈善联合会发布了区域慈善指数报告，海珠区在综合发展方面排名首位。慈善组织透明度评价体系包括基础指标和进阶指标，涵盖基本信息、治理信息、业务信息、财务信息、透明度信息互动反馈和提高透明度等。9月，广州市慈善组织社会监督委员会发布了全国首个基于大数据挖掘与分析的地方慈善组织透明度排行榜。

四　广州社工条例出台，为国内首部社工地方法规

5月30日，广州市第十五届人大常委会表决通过《广州市社会工作服务条例》。7月26日，广东省十三届人大常委会第四次会议表决通过关于批准《广州市社会工作服务条例》的决定。该条例是全国首部社会工作服务领域地方性法规。

五　广州举办首个“慈善为民月”系列活动

6月9日，广州举办首个“慈善为民月”活动，开展包括寻找慈善家庭、《慈善读本》进校园、北京路公益慈善嘉年华等27项重点慈善活动，鼓励广大家庭、学校和社区居民参加，营造“人人慈善为人人”的良好社会氛围。

六 “党建+公益”新模式，公益创投注入“红色活力”

6月20日，广州市第五届社会组织公益创投活动正式签约，本届公益创投活动采用“党建+公益”的模式，为社会组织注入“红色活力”，进一步巩固公益创投活动广州模式，拓宽广州特色公益之路。

七 广东恤孤会举办慈善音乐会，帮助农村孤贫学生追梦

7月15日晚，广东公益恤孤助学促进会举办第十二届仲夏夜慈善音乐会，为化州贫困学生募集善款340.5万元。仲夏夜慈善音乐会旨在打造一个面向社会传播慈善理念、凝聚社会爱心、资助农村孤贫学生的募捐平台，自2007年至今，已举办十二届，共筹款3107.8万元，资助了广东10588名孤贫学生。

八 广州“羊城慈善为民”项目和星河湾荣获“中华慈善奖”

9月13日，国家民政部公布了第十届“中华慈善奖”获奖名单，广州市慈善会“羊城慈善为民行动”以及星河湾集团均荣获第十届“中华慈善奖”，彰显了善城广州在公益慈善领域的影响力。

九 100户慈善家庭亮相羊城

9月27日，广州表彰100户“慈善家庭”，其中10户“最美慈善家庭”和90户“优秀慈善家庭”，发挥榜样的引领作用，营造人人参与慈善的良好社会氛围。寻找“慈善家庭”活动历时3个月，累计获得近200万人次参与投票。

十　中国善城大会召开，广州“城市爱心 GDP”居全国第二

11 月 5 日，中国善城大会在白云国际会议中心召开，会上发布了第五届中国城市公益慈善指数。在 221 个样本城市中，善城广州的“城市爱心 GDP”成绩走在全国前列，继续保持全省第一，“政府支持”得分位列全国第一，综合指数得分位列全国第二。广州联合全国近 30 个城市在会上发起《创建慈善城市·广州行动》，提出促进形成党委领导、政府支持、社会协同、分工明确、布局合理的行业发展格局。

B.21
改革开放40年来广州十大慈善事件

一 1983年，霍英东捐资中山大学

1983 年底，香港慈善家霍英东为中山大学捐资 3700 万港元兴建体育馆，引领华侨慈善资本回乡支援教育的潮流。该体育馆后来命名为“英东体育馆”，成为第一个“中国大学生体育训练基地”。

二 1987年，全国首条志愿者热线诞生

1987 年，广州市 10 多名“学雷锋、做好事”的积极分子开通了“中学生心声热线”。这是我国第一条专业化的志愿服务热线，标志着现代志愿服务模式探索开始起步。

三 1994年，广州市慈善会成立

1994 年 6 月，广州市慈善会举行成立大会，这是广州解放以来正式登记成立的第一个以“扶贫济困，见难相助”为宗旨的市级公益慈善社会团体。24 年来，该会筹集善款近 29 亿元，在扶贫济困、安老助孤、医疗救助、助学支教、紧急救援等方面开展众多项目，受益人群过千万人，先后获得了“中华慈善奖”“中华慈善事业突出贡献奖”“南粤慈善奖”“广州市抗震救灾先进集体”等荣誉称号。

四 2002年，广州市慈善医院建成开业

2002 年 10 月 28 日，广州市慈善医院建成开业，投入社会募捐款 1.131

亿元。全院占地面积为 18202 平方米，住院床位为 500 张，以“扶贫济困，治病救人”为办院宗旨，是全国首家完全新建的、管理先进的、具有慈善救助服务性质的大型综合医院。广州自 1995 年起开设为困难居民提供免费医疗服务的慈善门诊，慈善医院开业后极大地解决了这些贫困人群的大病医疗和住院问题。

五 2005年，广州企业出资成立全国首个非公募基金会

2005 年，香江集团出资 5000 万元人民币设立香江社会救助基金会并落户广州，该基金会是我国首个国家级非公募基金会。香江社会救助基金会创始人、主席翟美卿女士被国家民政部授予“中华慈善奖”，也是国内首位“卡内基慈善奖”得主。

六 2008年，广州市民为汶川特大地震踊跃捐款

2008 年 5 月，广州为汶川特大地震捐款，先后组织 50 多场捐赠仪式和募捐活动，截至年底，广州市慈善会共接收市民为四川地震灾区捐款 7.55 亿元，在全国大城市中名列前茅。2008 年后广州慈善募捐进入快车道，2010～2018 年，广州积极投入“广东扶贫济困日”活动中，累计筹款超过 33 亿元，筹募大量社会资金开展扶贫工作，助力脱贫攻坚。

七 2012年，《广州市募捐条例》实施

2012 年 5 月 1 日，《广州市募捐条例》正式实施。该条例是全国省会城市中第一部规范募捐工作的地方性法规，提出了放开公募权、扩大募捐主体等具有广州特色的募捐制度，并被 2016 年实施的《中华人民共和国慈善法》吸收采纳。募捐条例进一步激发了社会活力，“全城义剪”和“全城义载”等一系列民间救助行动相继开展。

八　2014年，广州市举办首届社会组织公益创投

2014 年 5 月，广州市民政局举办首届社会组织公益创投活动，申请市福利彩票公益金 1500 万元作为创投资金，支持为老服务、助残服务、青少年服务、救助帮困及其他公益五大类公益项目，形成了 1 +1 +1 >3 的公益创投“广州模式”，2014 年以来累计投入资金超 1 亿元，资助创投项目 696 个，撬动社会配套资金 6438 万元。

九　2016年，广益联募入选首批全国互联网公开募捐信息平台

2016 年 8 月，民政部正式对外公布首批全国互联网公开募捐信息平台。广州市慈善会慈善信息平台作为全国唯一的慈善会信息平台，也是全国唯一地级市慈善信息平台入选全国互联网公开募捐平台。广州市慈善会慈善信息平台于 2014 年 6 月上线，2017 年更名为广益联募平台，至 2018 年 9 月，该平台有入驻组织 242 家，482 个公益项目上线，累计募集善款 3. 55 亿元，捐款近 22 万人次。

十　2017年，广州提出深化“羊城慈善为民”行动，创建全国“慈善之城”

2017 年初，广州提出促进现代慈善事业发展，深化“羊城慈善为民”行动，创建全国“慈善之城”，首次将创建全国“慈善之城”纳入城市整体发展战略，计划用四年的时间，把广州建设成为引领国内、在国际上有重要影响力的“慈善之城”。

B.22
2018年广州市公益慈善法规政策文件

广州市民政局　广州市精神文明建设委员会办公室
关于印发广州市深化“羊城慈善为民”行动
创建“慈善之城”2018年工作方案的通知

穗民〔2018〕39号

各区民政局、文明办，市直各有关单位、各社会组织：

为全面贯彻落实党的十九大精神，完善我市慈善事业制度，进一步推动我市慈善事业发展，根据市委市政府关于创建慈善之城的决策部署，现将《广州市深化“羊城慈善为民”行动创建“慈善之城”2018年工作方案》印发给你们，请结合实际认真贯彻执行。执行中遇到问题，请向市民政局反映。

广州市民政局　广州市精神文明建设委员会办公室

2018年1月17日

广州市深化“羊城慈善为民”行动创建“慈善之城”
2018年工作方案

为全面贯彻落实党的十九大精神，完善我市慈善事业制度，进一步推动我市慈善事业发展，围绕《深化“羊城慈善为民”行动创建“慈善之城”2017～2020年行动方案》确立的目标任务，制定2018年工作方案如下：

一 指导思想

以习近平新时代中国特色社会主义思想为指引，深入学习贯彻落实党的十九大精神和习近平总书记对广东工作的重要批示精神，坚持以人民为中心的发展思想，秉持慈善为民的理念，紧扣人民日益增长的美好生活需要和不平衡不充分的发展之间的矛盾，对标国际、国内一流城市，对准广州慈善事业发展存在的慈善组织制度不够健全、慈善网络不够完善、品牌慈善组织和项目缺乏影响力、慈善文化内涵不够丰富等问题，使慈善理念深入每一个社区、家庭和市民，全面提升我市慈善事业发展水平，不断满足人民日益增长的美好生活需要，让市民有更多的幸福感和获得感。

二 工作目标

围绕深化“羊城慈善为民”行动创建“慈善之城”总体目标，2018 年努力实现以下目标：

——推动慈善事业体制机制改革，在健全与《中华人民慈善法》（下简称《慈善法》）相适应、具有广州特色的慈善事业制度体系上有新的突破。

——建设全方位慈善融合平台，健全慈善捐赠和资源共享网络，拓展慈善服务领域，加强慈善交流，使社会公众参与慈善方便快捷。

——培育和发展品牌慈善组织和项目，完善广州慈善人才培养机制，强化慈善监督，构建广州慈善在全国的话语体系。

——营造浓厚的慈善文化氛围，践行慈善价值理念，在全社会形成人人支持慈善、参与慈善、共享慈善的良好风尚。

三 活动时间

活动贯穿 2018 年全年，重点围绕四个主题节点、分四个季度推进各项主题活动，不断掀起全市慈善热潮。

（一）第一季度

以3月16日（《慈善法》颁布2周年）广州市创建“慈善之城”一周年为主题，精心策划组织开展慈善盛典、迎春花市慈善行、广府庙会之慈善庙会、“长者饭堂·爱心餐”项目等活动，营造浓厚的节日慈善氛围，拉开2018年各项慈善行动大幕。

（二）第二季度

以6月30日深化“羊城慈善为民”行动暨“广东扶贫济困日”活动为主题，精心组织策划“慈善为民月”活动，以“慈善+”为理念，全方位、深层次、多形式开展2018年“羊城慈善为民”行动和扶贫济困系列活动，营造“立善心、用善能、聚善财、行善治”的良好社会氛围，激发公众参与慈善热情。

（三）第三季度

以9月5日“中华慈善日”为主题，结合“全国扶贫日”，广泛宣传慈善法，出台一批广州慈善改革新政，组织举办各类慈善活动，掀起全民慈善高潮。

（四）第四季度

以12月“广州慈善榜”为主题，梳理一年慈善发展大事件，组织策划先进典型宣传报道和荣誉表彰回馈等活动，延续全年慈善热潮，深入挖掘慈善典型，广泛传播慈善正能量，提升慈善影响力。

四　主要任务

（一）进一步完善慈善事业制度体系

1. 启动《广州市募捐条例》修订工作。根据《中华人民共和国慈善法》，结合广州实际，深入调查研究，推动制定具有符合《慈善法》要求，具有广州特色的地方性法规。

2. 制定《广州市慈善信托管理实施指引》，指导、促进各信托公司、慈善组织开展慈善信托业务，推动慈善信托业务发展。

3. 修订《广州市慈善医疗和应急救助实施办法》，优化救助流程，充分发挥慈善在补充医疗救助、临时救助、应急救助方面的积极作用。

4. 出台《关于鼓励支持企业积极参与广州市创建慈善之城的意见》，为企业参与慈善事业提供政策支持。

5. 出台《关于加强慈善超市创新发展的指导意见》，进一步推进新形势下慈善超市的创新和发展，为我市慈善事业发展奠定坚实的基层基础。

6. 完善我市慈善力指数和慈善透明度评价体系。持续打造“慈善之城．尽善净行”廉洁慈善品牌，全面提升我市慈善竞争力和公信力，促进我市慈善事业更平衡、更充分发展。

（二）进一步打造广州慈善枢纽平台

1. 完善广州慈善服务设施布局

努力推动广州慈善大楼论证、选址、立项等工作。充分利用城乡镇街（社区、村）、重点公共场所、公园、旅游观光景点等建成100个公众参与度高的慈善广场、捐赠站点（慈善超市），逐步形成覆盖全市、服务便捷的慈善服务设施网络。

2. 升级广益联募平台

继2017年完成“善捐”（公开募捐）、“善助”（个人救助）、“善行”（慈善活动）三大板块后，2018年完成“善品”（慈善电商）和“善知”（能力支持）两大模块，实现广益联募全新升级，打造成为影响全国的“集善地”和全民慈善的便易平台。

3. 打造慈善合作交流枢纽

举办全国慈善城市交流会和基金会慈善论坛，促进全国公益慈善文化交流。积极引进全国性品牌慈善组织和项目落户广州，将广州打造成为引领全国的慈善交流枢纽。

4. 打造城市慈善运动平台

进一步整合广州成熟的慈善运动品牌，科学规划、合理布局年度城市慈善运动项目，逐步将广州打造成活力慈善城市。

5. 打造慈善项目对接平台

推动慈善供给侧改革，为企业及个人提供慈善产品定制平台。升级广州市福彩慈善项目大赛，举办广州慈善组织项目（活动）合作交流会，逐步成为慈善组织与社会资源对接合作的平台。

（三）进一步发展品牌慈善组织和项目

1. 发展公益创投平台

进一步整合公益创投资源，完善广州市社会组织公益创投机制，打造政府、慈善组织、创投主体、社会公众四方共创共投、共建共享、协同善治的 1 +1 +1 +1 >4 的公益创投“广州模式”，培育一批品牌慈善组织和项目。

2. 完善慈善组织治理机制

坚持正确的政治方向，加强慈善组织党建工作，注重在慈善组织中发展党员，发挥党的领导作用。健全权责明确、运转协调、监督有效的组织治理结构和运作规范、诚信自律、信息公开机制，增强诚信和守法意识，提高慈善组织社会公信力。

3. 探索现代公益慈善人才培养机制

以广州公益慈善联合会、广州公益慈善书院以及其他教育培训机构为载体，充分依托高校资源开展公益战略规划、项目筹款、文化传播、能力建设等课程，形成政府、社会、高校跨界合作、资源互补的培训机制，培养高素质专业化的慈善管理人才。

4. 创新发展慈善新业态

支持发展社会企业和社会创新项目，努力解决老百姓最关心最直接最现实的民生问题。支持探索公益金融、社区基金会等新型慈善主体，为慈善事业发展提供更多的资金支持。

（四）进一步提升广州慈善文化影响力

1. 挖掘传播广府慈善文化

在中国传统节日和新春花市、广府庙会等传统广府文化品牌中融入慈善元素，讲述广府慈善故事，传播广府慈善文化。

2. 打造“善城广州”品牌

启动慈善刊网工程，办好《善城广州》杂志、升级广州公益慈善联合会、慈善会等网站和微信公众号，立足广州，对标先进城市，发出广州慈善声音，引领城市慈善文化。

3. 启动校园慈善文化行

创作广州慈善文艺作品和中小学慈善读本，在高校开展“慈善沙龙”，在中小学开展“一书一课一活动”，大力推广慈善文化，培养学生慈善意识，激发向上向善。

4. 推广广州慈善榜

健全完善慈善荣誉嘉许和回馈机制，动员社会各界参与慈善褒扬活动，积极宣传慈善典型，发挥榜样力量，扩大社会影响力。

5. 开发慈善文化产品

推动广州慈善歌曲、吉祥物珠珠、“善穗”等慈善文化标识融入市民的日常生活，提高慈善标识普及度。结合广州各类文化旅游体育等活动，开发更多为市民喜闻乐见的慈善文化产品。

五　保障措施

1. 加强组织保障

按照党委领导、政府负责、社会协同、公众参与、法治保障的原则，在市委市政府的领导下，市民政局、市文明办组织实施，各区、各有关单位按职能具体负责，实现总体规划、协调分工、分步实施，逐项落实。

2. 强化宣传推广

邀请中央、省、市主流媒体和互联网新媒体宣传报道各项慈善活动。充分利用全市公益广告宣传平台，包括文明单位、社区宣传栏、志愿者驿站、福利彩票点等阵地，形式多样宣传慈善活动，营造浓厚慈善氛围。

3. 提供资金保障

加大对慈善组织的培育扶持力度，在政府购买服务、公益创投、培育孵化、资源支持、品牌打造等方面支持公益慈善组织发展。鼓励基金会、慈善会等资助型组织出资支持服务型组织实施项目。广泛动员社会爱心资源形式多样地参与创建“慈善之城”活动。

4. 加强慈善监督

健全政府监管、社会监督、行业自律、内部治理“四位一体”的慈善事业综合监督体系。切实加强民政等部门依法监管，充分发挥广州市慈善组织社会监督委员会第三方的监督作用，强化慈善信息发布，督促各慈善组织完善内部治理，不断增强慈善工作的透明度和公信力，营造公开透明、干净行善的慈善发展环境。

广州市民政局　广州市精神文明建设委员会办公室 广州市政府国有资产监督管理委员会　广州市工商业联合会关于印发《关于鼓励支持企业积极参与广州市创建慈善之城的意见》的通知

穗民〔2018〕73号

各区民政局、文明办、国有资产监督管理局、工商联，市直属企业、民营企业，市各社会组织：

为深入贯彻党的十九大关于完善慈善事业制度的精神和《中华人民共

和国慈善法》关于鼓励企业参与慈善事业的要求，落实市委市政府关于创建慈善之城的决策部署，进一步促进广大企业通过参与公益慈善事业，弘扬中华民族传统美德，积极履行社会责任，现将《关于鼓励支持企业积极参与广州市创建慈善之城的意见》印发给你们，请遵照执行。

专此通知。

广州市民政局　广州市精神文明建设委员会办公室

广州市政府国有资产监督管理委员会　广州市工商业联合会

2018 年 2 月 26 日

关于鼓励支持企业积极参与广州市创建慈善之城的意见

为深入贯彻党的十九大关于完善慈善事业制度的精神和《中华人民共和国慈善法》（下简称《慈善法》）关于鼓励企业参与慈善事业的要求，落实市委、市政府关于创建慈善之城的决策部署，进一步促进广大企业通过参与慈善事业，弘扬中华民族传统美德，积极履行社会责任，为促进我市和谐社会建设和社会公平公正做出新的贡献，现就鼓励支持企业积极参与广州市创建慈善之城提出如下意见：

一　重要意义

党的十九大描绘了决胜全面建成小康社会、夺取新时代中国特色社会主义伟大胜利的宏伟蓝图，明确提出了中国特色社会主义进入新时代，我国社会主要矛盾已经转化为人民日益增长的美好生活需要和不平衡不充分的发展之间的矛盾，强调要在发展中补齐民生短板，让改革发展成果更多、更公平惠及全体人民，为新时代慈善事业发展指明了方向。慈善事业的发展与社会经济的发展相辅相成，慈善精神和文化更是社会文明进步的软实力。近年来，我市各企业切实履行社会责任，在救助灾害、救孤济困、扶老助残、科教文卫体等领域广泛开展慈善活动，已成为我市慈善事业发展的重要力量，为我市创建慈善之城做出了突出贡献。与此同时，企业参与慈善事业的机制不够完善，潜力有待进一步挖掘，优势有待进一步发挥。鼓励支持企业参与慈善事业，是引导企业坚定中国特色社会主义的理想信念、积极履行社会责任的有效方式，是推动广州特色慈善事业发展的客观要求。各单位应统一思想、提高认识，采取切实可行的措施，进一步提高企业参与慈善事业的积极性、科学性和有效性，鼓励支持企业为创建慈善之城做出新的更大贡献。

二　基本原则

坚持协同发展。鼓励企业将参与慈善事业、履行社会责任纳入企业发展战略，结合企业产品和服务特色，制定企业参与慈善事业的规划，实现企业经济效益和社会效益的有机统一。

坚持自愿无偿。鼓励企业以自愿参与、无偿捐赠的原则开展慈善活动。根据《慈善法》规定，企业有权拒绝摊派性募捐活动，企业不应以慈善为名从事营利活动，不得要求受赠人、受益人提供利益回报。

坚持守法诚信。企业开展慈善活动时应遵循社会公德，不危害国家安全、损害社会公共利益和他人合法权益。企业依法设立的慈善专项基金、捐赠的财产及其增值部分是社会公共财产，受国家法律保护，禁止私分、侵占和挪用。

坚持因地制宜。鼓励企业结合广州市作为国家重要中心城市地位、发展阶段和发展目标等情况参与慈善事业，充分发挥本地人文、科技、经济等资源优势，科学选择慈善领域、项目和形式，在文化建设、扶贫济困、社区服务等方面做出特色，打造品牌，做好示范。

三　参与途径

（一）弘扬慈善文化，鼓励开展企业慈善志愿服务

1. 将慈善文化融入企业文化

推动广州慈善歌曲、吉祥物珠珠、“善穗”等慈善文化标识融入慈善活动。鼓励企业将扶危济困、崇德向善的传统美德和现代慈善理念融入企业愿景、企业精神和企业文化，在企业内部形成人人关心、支持慈善的良好氛围。发扬企业社会使命感、扶危济困、共同富裕、回馈社会的精神，通过不断丰富和发展企业慈善文化，开发慈善文化产品，打造企业慈善文化品牌。

2. 做好慈善文化的传播宣传

发挥报刊、广播、电视、互联网企业的优势，鼓励采取冠名基金、冠名项目、资金资助等方式，支持高等院校、科研机构和慈善组织等开展慈善理论研究和广府慈善文化宣传。积极吸引企业参与慈善社区、慈善广场、慈善公园、慈善超市等慈善实体创建。加强与一带一路沿线国家的慈善文化的交流传播，积极争取国际企业界慈善家支持广州创建慈善之城。

3. 广泛开展企业志愿服务

鼓励企业将志愿服务纳入企业团队建设，结合党建、团建、工会等活动和其他培训，组织职工参与全市慈善为民月、志愿服务月活动。鼓励企业按照《志愿服务条例》，自主成立或在广州市义务工作者联合会等志愿服务组织中设立本企业的志愿者队伍，并通过统一的志愿者平台进行实名注册和志愿团体注册。鼓励企业建立职工志愿服务的表彰激励机制，并推送职工志愿者、慈善家庭参加国家、省、市的义工嘉许、优秀志愿者、慈善家庭等评选活动。

（二）完善参与体系，引导企业慈善专业化发展

1. 规范开展慈善捐赠

鼓励企业建立慈善捐赠管理制度，将日常捐赠支出纳入预算管理体系，

明确捐赠支出规模和范围，实现企业慈善捐赠的制度化、常态化。支持企业根据自身实力以货币、实物、房屋、有价证券、股权、知识产权等多种形式进行捐赠。鼓励企业动员职工进行自愿捐赠，并积极做好企业和职工个人捐赠支出税前扣除。

2. 鼓励成立慈善组织

支持具备条件的企业按照《慈善法》等规定，成立以慈善为宗旨的基金会、社会团体，或在扶贫济困、扶老救孤、恤病救灾、助残助学等慈善领域兴办社会服务机构，围绕民生保障政策缺口，积极开展各类慈善活动，切实有效服务群众，在项目设计、诚信透明、专业规范等方面做出表率。支持爱心企业联合发起以交流慈善文化、创建慈善之城为宗旨的社会团体，通过企业带动社会各界参与慈善工作。

3. 积极与慈善组织开展合作

鼓励企业与慈善组织合作开发与企业战略规划、企业利益相关者密切相关的慈善项目。鼓励企业在慈善组织下设立专项基金，委托慈善组织进行慈善信托、慈善资金管理或慈善项目运作。大力提倡与慈善组织开展战略合作，给予慈善组织或慈善项目稳定、持续的支持，做出广州特色，形成慈善组织知名品牌。

（三）发挥企业优势，推动慈善形式创新

1. 创新企业慈善理念

鼓励企业将经营理念和市场机制运用于慈善活动之中，以创业精神推进慈善创新实践，从慈善资源开发、慈善需求市场的细分和定位、慈善项目营销等方面充分发挥企业经营管理优势，结合本企业经营特色，创新慈善项目运作模式，带动慈善事业科学化发展。

2. 创新企业参与慈善社会责任机制

鼓励建立企业社会责任激励机制，推动企业内部参与社会责任实践，引导企业编制专门的年度慈善（社会责任）报告。支持发展社会企业，鼓励具备条件的企业设置统筹管理企业参与慈善事业、履行社会责任的专门机

构，将履行企业社会责任整合到业务流程中，与业务部门的具体工作相结合。探索建立企业社会责任履行情况慈善指数榜。

3. 创新企业参与慈善方式

鼓励金融类企业与慈善组织积极合作，探索创新金融慈善新模式；引导保险公司开发针对慈善需求的保险产品和服务；引导信托公司积极探索开展慈善信托；引导科技创新型、互联网金融企业积极开展技术捐赠和平台支持，将大数据、区块链、云技术等先进技术与慈善相结合；鼓励新闻出版、公关广告、影视音乐等公司以动画动漫、影视作品、公益广告等形式创新慈善宣传，推出群众喜闻乐见的慈善文化产品。

（四）突出扶贫济困，重点帮扶困难群体

1. 全面参与扶贫济困工作

提高参与慈善事业的支出比例，鼓励有条件的企业通过广东扶贫济困日、定点帮扶、对口支援、光彩扶贫项目等方式帮助落后地区经济社会发展。企业根据精准扶贫救助资金的筹集情况，合理确定帮扶人数和额度，做到精准帮扶。

2. 主动吸纳困难群体就业

鼓励企业设置一定比例的工作岗位吸纳残疾人、贫困家庭等困难群体就业，实现公益目标和经济目标的有机结合。主动关心本企业职工，帮助困难职工解决实际困难，在用足用好广州现有城乡居民医疗保险和大病保险等医疗救助政策的基础上，通过慈善组织取得更大的帮扶。

四　支持措施

（一）落实各项支持政策

各级民政部门应积极履行职责，协助企业解决企业成立慈善组织过程中遇到的困难和问题，为企业提供咨询指导和高效服务。慈善组织接

受企业捐赠的，应向其开具由财政部门统一监（印）制的捐赠票据，依法享受税收优惠。企业发生的公益性捐赠支出，在年度利润总额12%以内的部分，应当在计算应纳税所得额时扣除；超过年度利润总额12%的部分，应当结转以后三年内在计算应纳税所得额时扣除。捐赠企业有权查询、复制其捐赠财产管理使用的有关资料，慈善组织违反捐赠协议约定的用途，捐赠企业可以向民政部门投诉、举报或者向人民法院提起诉讼。

（二）加强相关工作指导

有关职能部门应引导企业将慈善事业纳入企业战略规划，建立规范化、制度化的慈善事业参与机制，将社会利益融入企业发展，从而提升企业形象，促进企业健康可持续发展。有关职能部门应为企业参与慈善事业提供有针对性的政策解读和业务培训等服务，丰富完善窗口和在线服务中的慈善内容，以培训、工作指南等形式对慈善组织登记成立、公开募捐资格许可、慈善信托备案、公益性捐赠税收优惠政策等慈善政策法规予以宣传。

（三）做好慈善需求对接

有关职能部门应积极促进各领域慈善交流，引导企业参与各类慈善主题活动，主动向企业采集、发布慈善项目和信息，为企业与慈善需求对接提供便利。有关职能部门应加强交流协作，通过定期交流、信息共享等方式，搭建展示交流会、项目推介会等平台，促进企业与慈善组织、项目对接，开展长期、多样、有效的慈善合作。

（四）完善扶持和激励措施

有关职能部门应大力宣传企业的慈行善举，努力营造有利于企业投身慈善事业的良好社会氛围和舆论环境。积极推动有关部门从设施配套、企业服务等方面，对为慈善事业做出突出贡献的企业提供便利和优惠条件。号召企业积极参与民政部中华慈善奖、广东省扶贫济困红棉杯、广州慈善榜等各类慈善评选活动。各部门、各社会组织等单位开展评选活动时，应注重表彰企业中的慈善典型。在政府采购中，对为慈善事业做出突出贡献的企业，同等条件下优先考虑。

广州市民政局关于印发广州市“慈善之城·尽善净行”行动2018年工作要点的通知

穗民〔2018〕112号

各区民政局，局机关有关处室、局属有关单位，全市各慈善组织：

为进一步打造公开透明、廉洁高效的慈善环境，健全慈善事业监管体系，促进我市现代慈善事业健康发展，根据《关于深化“羊城慈善为民”行动创建全国“慈善之城”之“尽善净行”工作方案》和《广州市深化“羊城慈善为民”行动创建“慈善之城”2018年工作方案》，制订了《广州市“慈善之城·尽善净行”行动2018年工作要点》。现印发给你们，请结合实际认真贯彻执行。

广州市民政局

2018年3月24日

广州市“慈善之城·尽善净行”行动2018年工作要点

2017年，我市在创建全国慈善之城中创新开展“慈善之城·尽善净行”

行动，取得良好成效。2018 年，是我市开展“慈善之城·尽善净行”行动的深化之年。为全面贯彻党的十九大精神，坚持以习近平新时代中国特色社会主义思想为指导，不断增强慈善工作的透明度和公信力，进一步营造公开透明、干净行善的慈善发展环境，为广州创建慈善之城保驾护航。根据《关于深化“羊城慈善为民”行动创建全国“慈善之城”之“尽善净行”工作方案》和《广州市深化“羊城慈善为民”行动创建“慈善之城”2018 年工作方案》，围绕政府监管、社会监督、行业自律、内部治理、公开透明等核心任务，制订广州市“慈善之城·尽善净行”行动 2018 年工作要点如下：

一　修订《广州市募捐条例》

进一步完善慈善信息公开和监督制度，结合民政部对慈善组织信息公开、捐赠领域失信联合惩戒等实施细则，完善广州慈善组织、募捐活动的信息公开事项、监督管理方式以及惩戒措施等规定，为政府有效监管提供法治保障。（牵头部门：市民政局救灾慈善处，配合部门：市民政局宣传法规处、社管局；完成时间：2018 年 12 月）

二　开展清风促善行专项执法

市区民政部门开展慈善专项行政执法工作，参照《广州市慈善募捐行政执法工作指引》，通过深入慈善组织、募捐项目活动场所等方式，达到年度检查监督率不低于 5%。市民政局要对各区民政局执法情况进行指导、监督和通报。（牵头部门：市民政局救灾慈善处，配合部门：各区民政局；完成时间：2018 年 12 月）

三　监督慈善扶贫项目实施情况

从扶贫政策落实、项目进展、慈善资金使用等方面对慈善组织参与的扶贫项目进行重点监督，委托第三方社会专业监督机构抽查10个项目开展专项审计，确保扶贫慈善资金用在实处，发挥慈善组织和慈善资金在脱贫攻坚工作中的积极作用。（牵头部门：市民政局救灾慈善处，配合部门：市慈善服务中心、市慈善组织社会监督委员会；完成时间：2018年12月）

四　组织慈善为民月系列活动

通过举办“慈善为民月”活动启动仪式、北京路慈善嘉年华活动、广东扶贫济困日活动等多种宣传形式，引导社会关注慈善诚信，鼓励和规范慈善行为，为慈善之城创建工作营造良好的慈善环境。（牵头部门：市慈善服务中心，配合部门：各区民政局，市民政局救灾慈善处；完成时间：2018年6月）

五　发布慈善力指数评价报告

召开专题新闻发布会，发布区域性慈善力指数评价报告，科学评价广州及各区慈善事业发展水平、潜力等情况，为社会公众提供了解广州慈善的新途径，为慈善组织启发进步方向，推动广州慈善更公开、更均衡、更廉洁发展。（牵头部门：市民政局救灾慈善处，配合部门：各区民政局；完成时间：2018年9月）

六　公布慈善透明度评估结果

通过对慈善组织和项目的基本信息、治理信息、业务信息、财务信息等综合评估，向社会公众公布全市慈善组织慈善透明度评估结果，以引导慈善组织运作的规范化，促进慈善组织自律和他律。（牵头部门：市民政局救灾慈善处，配合部门：市慈善组织社会监督委员会；完成时间：2018年9月）

七 开展百个知名慈善项目晒账单

在9月5日中华慈善日期间，继续开展慈善公众开放日活动，搭建社会公众与慈善组织面对面交流互动平台，参观市区慈善组织，实施百个知名慈善项目晒账单，打造诚信慈善、阳光慈善。（牵头部门：市慈善服务中心，配合部门：各区民政局、市民政局救灾慈善处、广州市广益联合募捐发展中心；完成时间：2018年9月）

八 实施百名慈善人才培优计划

提升民政部门和慈善组织专业人员综合技能，通过“善知学园”、“慈善讲坛”等培训平台，围绕慈善政策法规、募捐活动、财务管理、信息公开、慈善资源链接、违法违规案例分析等重点内容，培养100名适应新时代慈善事业发展需要的现代慈善人才。（牵头部门：市慈善服务中心，配合部门：市公益慈善联合会；完成时间：2018年12月）

九 升级广益联募信息发布平台

在“善捐”（慈善募捐）、“善助”（个人求助）、“善行”（慈善活动）基础上，完成“善品”（慈善电商）和“善知”（能力支持）两大模块，实现捐赠资源、慈善项目与社会救助精准对接，做到捐赠信息实时显示反馈、项目实施进展信息公开反馈查询全流程公开透明，将其打造成为影响全国的“集善地”和“全民慈善的便易平台”。（牵头部门：市慈善服务中心，配合部门：广州市广益联合募捐发展中心；完成时间：2018年12月）

十 开展慈善读本进校园进家庭活动

传播广府慈善文化，在中小学开展慈善读本阅读计划。以读本为桥梁延伸开展“读慈善书，上慈善课，做慈善事”等丰富多样的活动，教育学生识别慈善组织、慈善募捐标识，区分真慈善活动和虚假骗人行为，并带动家庭参与慈善，推动良好家风建设。（牵头部门：市慈善服务中心，配合部门：市民政局救灾慈善处、市公益慈善联合会；完成时间：2018年12月）

广州市财政局　广州市国家税务局　广州市地方税务局　广州市民政局关于公布2018年广州市市、区两级公益性捐赠税前扣除资格确认名单的通知

穗财法〔2018〕64号

市财政征管分局，市国税局各直属单位，市地税局局属各单位，各区财政局、国家税务局、民政局：

根据《中华人民共和国企业所得税法》及《中华人民共和国企业所得税法实施条例》有关规定，按照《财政部国家税务总局民政部关于公益性捐赠税前扣除资格确认审批有关调整事项的通知》（财税〔2015〕141号）、《广东省财政厅广东省国家税务局广东省地方税务局广东省民政厅关于公益性捐赠税前扣除资格确认有关事项的通知》（粤财法〔2016〕24号）和《广州市财政局广州市国家税务局广州市地方税务局广州市民政局关于广州市公益性捐赠税前扣除资格确认有关事项的通知》（穗财规字〔2017〕1号）要求，对在我市市、区两级民政部门登记注册的社会组织，经市民政局结合登记管理情况提出符合条件的公益性捐赠税前扣除资格名单，市财政局牵头组织公示无异议，市财政局会同市国税局、地税局、民政局联合确认了2018年广州市市、区两级公益性捐赠税前扣除资格确认名单，现予以公布。

附件：2018年广州市市、区两级获得公益性捐赠税前扣除资格公益性

社会团体名单

广州市财政局　广州市国家税务局

广州市地方税务局　广州市民政局

2018 年 5 月 24 日

附件：

2018 年广州市市、区两级获得公益性捐赠税前扣除资格公益性社会团体名单（共 68 家）

一、2008 年起获得公益性捐赠税前扣除资格公益性社会团体名单（1 家）

广州市慈善会

二、2009 年起获得公益性捐赠税前扣除资格公益性社会团体名单（4 家）

广州市义务工作者联合会

广州市妇女儿童福利会

广州市越秀区慈善会

广州市荔湾慈善会

三、2010 年起获得公益性捐赠税前扣除资格公益性社会团体名单（2 家）

广州市社会组织联合会

广州市黄埔区慈善会

四、2011 年起获得公益性捐赠税前扣除资格公益性社会团体名单（2 家）

广州市花都区慈善会

广州市增城区慈善会

五、2012 年起获得公益性捐赠税前扣除资格公益性社会团体名单（2 家）

广州市华新慈善基金会

广州丽柏慈善基金会

六、2014 年起获得公益性捐赠税前扣除资格公益性社会团体名单（2 家）

广州市海珠区慈善会

广州市从化区慈善会

七、2015 年起获得公益性捐赠税前扣除资格公益性社会团体名单（5 家）

广州市正信慈爱协会

广州欧初文化教育基金会

广州农商银行太阳公益基金会

广州市天佑未成年人权益基金会

广州市金珂扶持传统文化发展基金会

八、2016 年起获得公益性捐赠税前扣除资格公益性社会团体名单（20 家）

广州市天河区慈善会

广州市南沙区慈善会

广州国泰社会发展基金会

广州市厚德教育慈善基金会

广州市伟博儿童福利基金会

广州市郭兰英艺术发展基金会

广州市大艺文化艺术基金会

广州市奥飞动漫爱心救助慈善基金会

广州市小星辰儿童成长基金会

广州市利世慈善基金会

广州市好百年助学慈善基金会

广州市羊城光彩事业基金会

广州市明亮慈善基金会

广州市善学慈善基金会

广州市苗圃行动公益基金会

广州一百零八度公益基金会

广州市尚品助学基金会

广州市高然慈善基金会

广州市暨海慈善基金会

广州市羊城足球基金会

九、2017年起获得公益性捐赠税前扣除资格公益性社会团体名单（19家）

广州市乐善助学促进会

广州市启文教育基金会

广州市合汇教育基金会

广州市羊城军民融合发展基金会

广州市慈航慈善基金会

广州市番禺区慈善会

广州市绿点公益环保促进会

广州市婷美小屋公益基金会

广州市健佳慈善基金会

广州市真光教育慈善基金会

广州市福缘公益慈善基金会

广州市普康慈善基金会

广州市狮王教育慈善基金会

广州市善动力慈善基金会

广州市船说少儿文化基金会

广州市视源公益慈善基金会

广州市候鸟慈善基金会

广州市基盛慈善基金会

广州市加泰慈善基金会

十、2018年起获得公益性捐赠税前扣除资格公益性社会团体名单（11家）

广州市白云区慈善会

广州市黄埔区青年社会组织联合会

广州法泽社区公益基金会

广州市增城公安民警基金会

广州市黄埔公安民警基金会

广州市志鲲公益慈善基金会

广州市海珠公安民警基金会

广州市荔湾公安民警基金会

广州市越秀公安民警基金会

广州市欢聚时代公益慈善基金会

广州市广州医科大学南山教育发展基金会

Abstract

2018 marks anniversary of China's reform and opening-up. As a pioneer city in reform and opening-up, with the continuous progress in building a city of philanthropy nationwide, Guangzhou maintains sound development in philanthropy. Firstly, the number of charitable organizations steadily increases. Foundations and charity federations at different levels constitute the main components of charitable organizations. Secondly, public fundraising activities are soundly carried out. In 2018, Guangyi United for Charity, one of the online public fundraising platforms firstly designated by the Ministry of Civil Affairs, publicized 188 fundraising programs. The total amount of public fundraising reached to RMB 52779800. Thirdly, scale of charitable trust assets continuously increases. Up to December 2018, there are seven charitable trust projects presented on record in Guangzhou Civil Affairs Bureau with a total asset of RMB 29228300. Fourthly, integration of charitable service and social service in other industries are further enhanced. All these initiatives effectively strengthen the continuous implementation of charitable service in community. Lastly, comprehensive supervision and management mechanism has been further improved.

In 2018, Guangzhou took a faster step to transform charity industry. A series of key problems restricting sustainable development of philanthropy should be concerned. These problems include unbalanced structural development of charitable organizations, low initiative and motivation of social organizations in charitable organizations identification, insufficient vitality of foundations in the whole charitable ecosystem, unapparent function in social resource platform construction, program funding and cross-border cooperation, limited function of charity federation's role as a philanthropy hub, insufficient reform and innovation, incompetence of public fundraising represented by low accomplishment of public fundraising. Besides, standardization of philanthropy industry is to be enhanced.

2019 marks the 70th anniversary of the founding of the People's Republic of China, in order to better promote Guangzhou's philanthropy development and build an example for city of philanthropy, this report proposes five suggestions as follows: Firstly, expediting legislation of Guangzhou Charity Regulations. Secondly, further enhancing registration and identification of charitable organizations. By implementing preferential taxation, supporting and encouraging policies for charitable organizations, Guangzhou should promote charitable organizations to become one of the prominent forces in building Guangzhou a city of charity. Thirdly, led by brand building, to promote professional philanthropy. Charitable organizations should be centered on to promote a set of brand organizations and programs featured in strong professional competence, distinctive service characters, innovative service modes, and wide coverage of service. Fourthly, to strengthen compilation of charitable and local association standards. Last but not least, building international charity communication platform by seizing the opportunity of constructing Guangdong-Hong Kong-Macao Greater Bay Area.

Contents

I General Report

B. 1 Building up a Sample for Urban Philanthropy Development, Leading Philanthropy to Develop in High Quality

—Annual Report on Guangzhou's Philanthropy Development (2018) *Charity Service Center of Guangzhou* / 001

1. Analysis on Guangzhou's Philanthropy Development Trends / 004
2. Main Characteristics of Guangzhou's Philanthropy / 013
3. Analysis Based on the Problems Existing in Guangzhou' Philanthropy Development / 017
4. Suggestions and Countermeasures to Promote High Quality Development of Guangzhou's Philanthropy / 020

Abstract: Construction on City of Philanthropy is a part of significance in the National New-type Urbanization Planning. Building city sharing system is also a shared vision in the development of all cities. Guangzhou, as a national central city, puts forward to build a city of Philanthropy and has stated this in its annual report on the work of the government in consecutive three years. This report analyzes overall development status and trends, main characteristics, and exiting problems of philanthropy in the whole year of 2018. Based on the analysis, this report proposes a series of policy suggestions to further promote philanthropy development in high quality. These suggestions include making faster progress in the legislation of Guangzhou Charity Regulations, strengthening registration and identification of charitable organizations, promoting professional capability centered on brand building and talent cultivation, setting association and local standards for philanthropy, and seizing the opportunity of developing Guangdong-Hong Kong-Macao Greater Bay Area to build international philanthropy communication platform.

Keywords: Charity Law; Charitable Organization; Guangzhou

Ⅱ Industry Reports

B. 2 Report on the Development of Guangzhou's Charitable Organizations *Hu Xiaojun* / 024

Abstract: Up to the end of December 2018, there are 105 social organizations registered and identified by government of the city and the district as charitable organizations. The development of Guangzhou's charitable organizations is featured in five aspects, namely that charitable organizations are mainly in forms of foundations and charity federations, the number of charitable organizations identified in district level is far fewer than those identified in city level, even lower than the percentage that district social organizations account for social organizations of the whole city. Besides, donation is the main source for charitable organizations. In addition, charitable foundations function limitedly in funding, resource platform building, and motivating cross-border cooperation. Moreover, the number of charitable organizations qualified to publicly raise fund is small and the organization type is confined.

The suggestions in following five aspects are proposed to address these issues. Firstly, to promote the implementation of the Charity Law and its complementary policies, especially to accelerate registration and accreditation of charitable organizations. Secondly, to stress talent cultivation for foundations and promote effective engagement of foundations in constructing local philanthropic ecosystem. Thirdly, building brand philanthropic programs and activities, so as to improve fundraising capability and efficiency of charitable organizations. Fourthly, leading charitable organizations to alter their emphasis, to fully play their role of philanthropic service in grassroots community governance. Lastly, strengthening the function of Guangzhou charity industry associations in connecting and servicing for charitable organizations.

Keywords: Charitable Organization; Foundation; Guangzhou

B. 3 Report on Guangzhou Charity Federation System

Yan Guowei / 040

Abstract: Charity Law marks a new era for China's philanthropy ruled by law. Reform of philanthropy system has been advanced and socialization and professionalization has become the crucial development directions. Based on an overview of china's charity federation reform, this report analyzes development status and main challenges for Guangzhou's charity federations in both city and district level. This report finds that on one hand overall operation capacity of charity federations has been optimized in 2018. Compared with the situation in 2017, total asset, net asset and total income all steadily increased in 2018. A series of explorations were conducted in terms of promoting socialized transition of charity federations, charity innovation, spreading local philanthropic culture, engagement in poverty alleviation, developing naming funds etc. On the other hand, there are great challenges in development mode, team building and brand building. In the end, this report suggests that Guangzhou Charity Federation insist on establishing a modern charitable organization of self-governance, clearly defined responsibilities and rights and sound operation system. What's more, the Federation should improve professional capability, enhance brand building of philanthropic programs and function as regional philanthropy hub, thus promoting regional ecosystem construction of philanthropy.

Keywords: Charity Federation; Philanthropy Hub; Socialization; Guangzhou

B. 4 Report on Public Fundraising of Charitable Organizations in Guangzhou *Lu Xiaohui* / 055

Abstract: In 2018, 215 public fundraising projects were carried out in Guangzhou by charitable organization qualified for public fundraising. 37. 2% of 215 projects successfully raised fund with a total amount of RMB 85117000. The usage of the fund mainly centers on helping the elderly and the disabled, education, poverty alleviation and medical and health, among which the input in poverty alleviation accounts the biggest percentage. In terms of fundraising approaches, internet fundraising and ground fundraising are carried out together although internet fundraising still accounts for a small percentage in total fund. In general, fundraising effect still awaits further enhancement, although the number of public fundraising projects increases rapidly and the frequency of fundraising events are strengthened.

Keywords: Qualification for Public Fundraising; Charitable Organization; Guangzhou

B. 5 Development Characteristics and Trends of Internet Fundraising Data Analysis Based on Guangyi United for Charity *Liu Yifei* / 071

Abstract: Internet fundraising has become a new normal for philanthropic resource mobilization. In a micro perspective to understand current status, effect and problems of fundraising, which charitable organizations and charitable programs of all types carry out through internet platform, this report studies the case of Guangyi United for Charity with reference to the data and annual report publicized on its official website. Through descriptive statistics analysis on number of programs, target amount and fundraising cycle, fundraising effect, number the public engaged in, service scope and type of organization, this report elaborates current status of fundraising programs on this platform, and discusses main features and trends. Main findings include that taking efforts in interchange of information disclosure among different platforms, improvement on user experience of donation, exploring uniqueness of different programs, and donation becomes a normal state in daily life rather than a donation carnival.

Keywords: Internet Fundraising; Guangyi United for Charity; Internet Philanthropy

B. 6 Research on the Development, Dilemma and Countermeasures of Charitable Trust in Guangzhou *Li Xin* / 088

Abstract: As a new type of charity, charitable trust is characterized in independent asset, convenient to set up, flexible operation and professional management. After the publication of the Charity Law, Guangzhou has released the Guideline on Filing a Record of Charitable Trust, which further specifies operation procedure, strengthens strict management, effectively guiding the development of charitable trust. The development of charitable trust in Guangzhou is featured as concentration in certain topics, wide scope of trustee asset, flexible time frame, various principals, sound operation, and strict monitoring and examination mechanism. However, a few problems deserve to be concerned including establishment of industry standards of trustee, asset registration system of donation in all types, coordinated supervision mechanism, optimization of operational procedure of charitable trust, financial settlement of charitable trust and preferential taxation. Policy suggestions are proposed to formulate self-discipline rules for charitable trustee, clarify the scope of trust asset registration institution, build charitable trust supervision and management system in all aspects, improve charitable trust filing administration, review accounting regulations of charitable organization and effectively enforce preferential taxation of charitable trust.

Keywords: Charitable Trust; Property Registration; Guangzhou

B. 7 Report on Philanthropic Talent Cultivation Modes and Pathways in Guangzhou *Nie Bo* / 097

Abstract: Talent is core competitiveness for continuous development of philanthropy. Guangzhou has released a series of guidelines on talent support and cultivation to stress systematic planning of talent cultivation. In addition, integration of quality educational resources of higher education institution, party school and other organizations is encouraged, so as to explore multi-level educational network. Talent cultivation follows two pathways of specialized and professional education implemented by schools and social organizations. In light of current situation, Guangzhou's philanthropic talent education faces a series of disadvantages. Namely, insufficient systematic planning, obvious homogenization, low degree of marketization, limited introduction of cross-border resources, laggardly discipline construction, insufficient input in promoting continuous study and self-study, simplification of learning target etc. Guangzhou should take forward to strengthen overall planning, concentrating on construction of teaching team, fundamental research and action research on philanthropy, promoting marketization of philanthropic training, extending training content and applying new teaching methods.

Keywords: Philanthropy; Philanthropic Education; Talent Cultivation

B. 8 Overview on Guangzhou's Law and Policy System and Local Legislation of Philanthropy *Ouyang Bing* / 111

Abstract: Guangzhou issued a series of regulations and guidelines during 2012 to 2018 to help build a city of philanthropy and Guangzhou mode of philanthropy. The content of regulations and guidelines not only refers to programmatic document, implementation opinions on promoting philanthropy development, but also covers fundraising, venture philanthropy, 1charitable trust, organization management and innovation, supervision and regulation, and preferential taxation etc. Currently, Guangzhou's regulation system on philanthropy is featured as policy-leading, cooperating across multiple departments, mobilizing extensive participation and activating charitable resources. In addition, Guangzhou innovates supervisory mechanism and improve regulations in other areas. Although achievements in legislation of philanthropy are obvious, a few disadvantages can't be ignored, including shortage of local general regulations, laggardly policy making, inapplicability of previous regulations to current development of philanthropy and other regulations. All these needs immediate adjustments to adopt to new development of philanthropy.

Keywords: Legislation of Philanthropy; Law and Policy; Guangzhou

B. 9 Research on Strategy of News Coverage of Philanthropy in Guangzhou

—*Case Studies on News Coverage of Six Media in Guangzhou in 2018*

Wang Zhaofu, *Wang Xiangbo and Li Qiang* / 123

Abstract: In recent years, Guangzhou takes faster step in philanthropy development, and achieves great accomplishments in improving modern philanthropy, building a city of philanthropy and integrating charitable resources. In the process, mass media play a role of significance. Mass media not only report on philanthropic events, but also cooperate with charitable organizations to actively participate in philanthropy in various forms. This report studies news coverage of six media institutions in Guangzhou, with reference to analysis on typical cases, to reveal their strategy on reporting philanthropic events, and analyze their efforts in expanding social influence. The research finds that Guangzhou's media usually take positive point of view to explore and report details of the news, which transforms mass media from mere reporter into participant.

Keywords: Philanthropy; Strategy of News Coverage; Guangzhou

Ⅲ Regional Reports

B. 10 Practice and Exploration of Charity Federation of Huangpu District of Guangzhou

Civil Affairs Bureau of Huangpu District of Guangzhou,

Charity Federation of Huangpu District of Guangzhou / 135

Abstract: Founded in 2005, Charity Federation of Huangpu District is the largest and most influential charitable organization in Huangpu District with the longest history and sound operation mechanism. The development of philanthropy in Huangpu District could be found in the history of Charity Federation of Huangpu District. The Charity Federation of Huangpu District makes a series of instructive explorations in standardizing procedure of daily work, operation of philanthropic programs and promotion of philanthropic culture. In new era, it is meaningful to summarize and analyze past experience, so as to further promote the development of philanthropy of Huangpu District and the whole city.

Keywords: Huangpu District; Charity Federation; Philanthropic Program; Philanthropic Culture

B. 11 Conghua's Practice and Exploration on Bringing in Philanthropy to Assist Rural Vitalization

Civil Affairs Bureau of Conghua District of Guangzhou,

Charity Federation of Conghua District of Guangzhou / 145

Abstract: With the implementation of national rural vitalization strategy, Conghua District embraces a new development opportunity for philanthropy. In order to fully leverage the positive effect of philanthropy in mobilizing social resources to engage in rural vitalization, Conghua District proactively explores local social resources, continuously innovates the execution subjects of philanthropic programs, and therefore developing new modes to do philanthropy like philanthropy plus tourism, philanthropy plus social work, philanthropy plus rural civilization, philanthropy plus new peasants etc. All these innovative forms of philanthropy provide continuous assistance to rural vitalization, making great contribution to build a happy and harmonious Conghua, and construct a demonstration area of rural vitalization for Guangdong Province and even the whole country.

Keywords: Philanthropy; Rural Vitalization; Conghua District

B. 12 Experience on Panyu's Primary Community Governance of Wushe Coordination and Action

Social Organization Federation of Panyu District of Guangzhou / 153

Abstract: Panyu's Wushe coordination and action is a piloting exploration of strategy of social work plus philanthropy in Guangzhou. Wushe coordination and actioncenters on constructing an effective coordinated working mechanism among community neighborhood committee, social organization, social work, community enterprise and community fund. Adhering to party leading and building, base in community and centered on serving community residents' needs, Panyu District takes efforts to mobilize community resources and establish community funds through professional skills and social organizations, finally maintaining a sound and healthy environment for policy implementation and social service in community, the basic unit for social governance.

Keywords: Community Governance; Wushe Coordination and Action; Panyu District

Ⅳ Focal Topics

B. 13 Philanthropy is Becoming An Important Part of City Development Strategy *Deng Ronglan* / 162

Abstract: On Nov. 5th, 2018, China Shancheng Conference was held in Guangzhou. The hosts of the Conference released Constructing City of philanthropy—Guangzhou Action Plan, putting forward directions and key issues for future development of philanthropy. The development and research base of city of philanthropy was also initiated in the Conference to lay a sound basis for constructing a coordinated network and mechanism on urban philanthropy. In implementing Guangzhou Action Plan, this report proposes to fully leverage the leading effect of the cities which enjoy advanced development of philanthropy. Besides, constructing coordinated network to effectively promote balanced development of philanthropy of the cities located in the eastern, middle and western part of China.

Keywords: City of Philanthropy; Shancheng Conference; United Action

B. 14 Philanthropy GDP Reveals Brand Effect of Building City of Philanthropy in Guangzhou *Hu Xiaojun* / 167

Abstract: On Nov. 5th, 2018, the fifth China Urban Charity Index released in Guangzhou. The Index shows that the development of philanthropy in Pearl River Delta ranks in the front nationwide. Seven cities including Guangzhou, Shenzhen, Dongguan, Foshan, Jiangmen, Zhongshan, and Zhuhai are all listed within top 100. Guangzhou ranks the second place and leverage the demonstration effect for china urban philanthropy development. Guangzhou's years of experience and exploration reveals that city of philanthropy should not only extend multiple donation channels, innovate fundraising approaches, but also promote regulation construction, policy innovation and development of voluntary service organization, so as to lay a solid basis of social participation and institutional guarantee for sustainable development of philanthropy.

Keywords: Urban Charity Index; Philanthropy GDP; Guangzhou

B. 15 Practice and Enlightenment of Guangzhou Innovating New Mode of Party Building Plus Philanthropy for Venture Philanthropy

Xu Yahui / 171

Abstract: Guangzhou social organization venture philanthropy has carried out for 6 years since its commencement in 2014. In 2018, the fifth social organization venture philanthropy clearly stated that organizations establishing party organizations enjoy the priority of being funded under equal conditions. Through further strengthening the leading role of party building in venture philanthropy, Guangzhou promotes the integration of party building and service in social organizations. Therefore, demonstration and leading effect of brand programs led by party building become obvious.

Keywords: Venture Philanthropy; Party Building Leading; Guangzhou

B. 16 Philanthropy Plus Folklore Helps Construct Cultural Brand of Urban Philanthropy

Xu Yahui / 176

Abstract: Guangzhou actively carries out the idea of philanthropy for all, integrating philanthropy and education, science, culture, hygiene, sports, environment protection, daily consumption into citizen's daily life. Philanthropy plus folklore represented by the philanthropic show in Guangzhou spring festival flower fair and temple fair receives positive social response. Guangzhou's practice reveals that urban philanthropy should attach importance to explore the uniqueness of the city and demonstrate advantages and culture of the city. Besides, charitable organizations should improve innovation capability and ability to integrate resources, proactively adopt to new trends of philanthropy in internet era, develop more user-friendly charitable activities, and make concerted effort to build unique and vibrant brand for urban philanthropy.

Keywords: Folklore; Philanthropy; Cantonese Culture

B. 17 Leveraging Social Organizations' Specialty to Assist Poverty Elimination *Liang Zhuobiao* / 181

Abstract: Social organizations are crucial component of the three-sphere integrated scheme of poverty alleviation, which consists of central government funding, industry funding and social resources input for poverty alleviation. Guangzhou proactively guides and mobilizes social organizations' participation in poverty elimination. A series of policies are released to improve support and assistance mechanism, give better play to the role of social organizations, and encourage pairing support and assistance. Social organizations participate in poverty elimination action in various forms and make effective enforcement. It is a crucial year in 2019 that building a moderately prosperous society in all respects and a year of securing a decisive victory against poverty. In order to consolidate and secure poverty elimination achievements, Guangzhou should improve coordinated mechanism involving social organizations, establish supply and demand platform, and enhance incentive and supervision mechanism of social organizations' participation in poverty elimination. What's more, Guangzhou should support social organizations in making more visionary planning and establishing continuous and long-term assistance mechanism.

Keywords: Poverty Alleviation; Social Organization; Social Poverty Relief; Guangzhou

B. 18 Philanthropy Steps into Citizens' Life Through Event of Family of Philanthropy

Deng Ronglan / 186

Abstract: Development of philanthropy not only relies on visionry stategic design, but also needs input of individual intelligence and effort. Guangzhou Civil Affairs Bureau and relative departments initiated an activity of looking for family of philanthropy in 2018, positively promoting the idea of philanthropy into citizens' life. Philanthropy therefore becomes a new lifestyle. Three transformations could be observed from citizens' participation in philanthropy. Firstly, mere donation changes into actively engagement in voluntary service. Secondly, more and more attention paid by the public to the community they are living in. Lastly, more and more citizens change from participants into advocate and dessiminator.

Keywords: Family of Philanthropy; Lifestyle; Guangzhou

B. 19 Guangzhou's Exploration on Full-time Degree Education of Philanthropy

Xu Yahui / 190

Abstract: In september 2016, the Minitry of Education included the specialization of 690209 public welfare and charity management into the catalogue of specializations in higher vocational education. On Apr. 1st, 2018, Philanthropy College of Lingnan Institute of Technology founded. Social work and public welfare and charity management (specialized in social organization management) are set up as two majors of the College. Comparing with current degree education on philanthropy, this report suggests that Philanthropy College of Lingnan Institute of Technology further coordinate resources in philanthropic area to emphasize on practical skills and ability, and gradually build unique educational features of the College. What's more, a stable and well-structured teaching team needs to be built through integrating the staff inside the Institute with staff outside the Institute as supplementary.

Keywords: Philanthropic Education; Talent Cultivation; Public Welfare

V Appendices

B. 20 Guangzhou Top 10 Philanthropic Events in 2018 / 195

B. 21 Guangzhou Top 10 Philanthropic Events Over the Past Four Decades of China's Reform and Opening-up / 199

B. 22 Policies and Regulations on Philanthropy Guangzhou Released in 2018 / 202

皮书起源

“皮书”起源于十七、十八世纪的英国，主要指官方或社会组织正式发表的重要文件或报告，多以“白皮书”命名。在中国，“皮书”这一概念被社会广泛接受，并被成功运作、发展成为一种全新的出版形态，则源于中国社会科学院社会科学文献出版社。

皮书定义

皮书是对中国与世界发展状况和热点问题进行年度监测，以专业的角度、专家的视野和实证研究方法，针对某一领域或区域现状与发展态势展开分析和预测，具备原创性、实证性、专业性、连续性、前沿性、时效性等特点的公开出版物，由一系列权威研究报告组成。

皮书作者

皮书系列的作者以中国社会科学院、著名高校、地方社会科学院的研究人员为主，多为国内一流研究机构的权威专家学者，他们的看法和观点代表了学界对中国与世界的现实和未来最高水平的解读与分析。

皮书荣誉

皮书系列已成为社会科学文献出版社的著名图书品牌和中国社会科学院的知名学术品牌。2016 年，皮书系列正式列入“十三五”国家重点出版规划项目；2013~2019 年，重点皮书列入中国社会科学院承担的国家哲学社会科学创新工程项目；2019 年，64 种院外皮书使用“中国社会科学院创新工程学术出版项目”标识。

中国皮书网

（网址：www.pishu.cn）

发布皮书研创资讯，传播皮书精彩内容

引领皮书出版潮流，打造皮书服务平台

栏目设置

关于皮书：何谓皮书、皮书分类、皮书大事记、皮书荣誉、皮书出版第一人、皮书编辑部

最新资讯：通知公告、新闻动态、媒体聚焦、网站专题、视频直播、下载专区

皮书研创：皮书规范、皮书选题、皮书出版、皮书研究、研创团队

皮书评奖评价：指标体系、皮书评价、皮书评奖

互动专区：皮书说、社科数托邦、皮书微博、留言板

所获荣誉

2008 年、2011 年，中国皮书网均在全国新闻出版业网站荣誉评选中获得“最具商业价值网站”称号；

2012 年，获得“出版业网站百强”称号。

网库合一

2014 年，中国皮书网与皮书数据库端口合一，实现资源共享。

S 基本子库
UB DATABASE

中国社会发展数据库（下设 12 个子库）

全面整合国内外中国社会发展研究成果，汇聚独家统计数据、深度分析报告，涉及社会、人口、政治、教育、法律等 12 个领域，为了解中国社会发展动态、跟踪社会核心热点、分析社会发展趋势提供一站式资源搜索和数据分析与挖掘服务。

中国经济发展数据库（下设 12 个子库）

基于“皮书系列”中涉及中国经济发展的研究资料构建，内容涵盖宏观经济、农业经济、工业经济、产业经济等 12 个重点经济领域，为实时掌控经济运行态势、把握经济发展规律、洞察经济形势、进行经济决策提供参考和依据。

中国行业发展数据库（下设 17 个子库）

以中国国民经济行业分类为依据，覆盖金融业、旅游、医疗卫生、交通运输、能源矿产等 100 多个行业，跟踪分析国民经济相关行业市场运行状况和政策导向，汇集行业发展前沿资讯，为投资、从业及各种经济决策提供理论基础和实践指导。

中国区域发展数据库（下设 6 个子库）

对中国特定区域内的经济、社会、文化等领域现状与发展情况进行深度分析和预测，研究层级至县及县以下行政区，涉及地区、区域经济体、城市、农村等不同维度。为地方经济社会宏观态势研究、发展经验研究、案例分析提供数据服务。

中国文化传媒数据库（下设 18 个子库）

汇聚文化传媒领域专家观点、热点资讯，梳理国内外中国文化发展相关学术研究成果、一手统计数据，涵盖文化产业、新闻传播、电影娱乐、文学艺术、群众文化等 18 个重点研究领域。为文化传媒研究提供相关数据、研究报告和综合分析服务。

世界经济与国际关系数据库（下设 6 个子库）

立足“皮书系列”世界经济、国际关系相关学术资源，整合世界经济、国际政治、世界文化与科技、全球性问题、国际组织与国际法、区域研究 6 大领域研究成果，为世界经济与国际关系研究提供全方位数据分析，为决策和形势研判提供参考。

法律声明